AF593057

# L'ENFER INDIEN,

PAR

M. LÉON FEER.

EXTRAIT DU JOURNAL ASIATIQUE.

PARIS.

IMPRIMERIE NATIONALE.

M DCCC XCII.

# L'ENFER INDIEN.

# L'ENFER INDIEN,

PAR

M. LÉON FEER.

EXTRAIT DU JOURNAL ASIATIQUE.

PARIS.

IMPRIMERIE NATIONALE.

M DCCC XCII.

# L'ENFER INDIEN.

## I. — BOUDDHISME.

Landresse a mis, dans les notes du chapitre XXXII de la relation du voyage de Fa-hian [1], où il est question de l'Enfer, une notice étendue et instructive sur les enfers bouddhiques, d'après la compilation chinoise intitulée : *San-tsang-fa-sou* [2]. Il donne les noms de ces lieux de souffrance et la description des supplices qu'on y subit, sans faire connaître les crimes qui y sont expiés. Plus récemment, S. Beal, dans sa traduction d'extraits des livres chinois [3], a repris ce sujet; les textes qu'il invoque paraissent être les mêmes que ceux dont Landresse s'est inspiré; il donne généralement, sur les crimes punis et la durée du séjour, des détails qui manquent à la notice de Landresse.

Cette notice de Landresse est accompagnée de

[1] *Foe-koue-ki*, p. 296-300.

[2] Bibliot. nat., fonds chinois, n°s 3161-3163, 1644-1646, 4089-4091.

[3] *A catena of buddhist scriptures from the Chinese*, p. 56-65.



IMPRIMERIE NATIONALE.

quelques notes et suivie d'une notice plus courte d'Eugène Burnouf sur les enfers bouddhiques, d'après le *Dictionnaire singhalais* de B. Clough et l'ouvrage singhalais-pâli intitulé : *Dharmapradîpikâ*[1]. Depuis, Sp. Hardy a fait une place auxdits enfers dans son *Manual of Budhism*[2]. Moi-même, plus récemment encore, j'ai donné la traduction[3] d'un petit traité pâli extra-canonique, le *Pañca-gati-dîpana*, où la question de l'Enfer est traitée d'une façon qui paraît complète dans sa brièveté.

On s'est moins occupé du Bouddhisme tibétain et népalais. Dans le même volume qui renferme la traduction du *Pañca-gati*, j'ai donné[4] celle d'un sûtra du Kandjour, le *Pañcaçixâniçamsa-sûtra*, qui traite des conséquences de l'observance ou de la violation des cinq préceptes moraux et par suite des châtiments qu'on subit dans les enfers pour les avoir transgressés. Enfin, j'ai donné, dans ce Journal[5], la traduction d'un passage de l'ouvrage sanskrit-népalais *Dvâviñçati-avadâna*, nous montrant un personnage nommé Dhâtustejas qui est témoin d'un certain nombre de supplices infernaux dont il fait la description et indique le motif sans donner aucun nom propre.

[1] Manuscrit ayant appartenu à Burnouf et portant dans son catalogue le n° 208; aujourd'hui n° 7 du fonds singhalais de la Bibliothèque nationale.

[2] Voir principalement aux pages 26-28.

[3] *Annales du Musée Guimet*, t. V, p. 515-528.

[4] *Ibid.*, p. 230-243.

[5] 1er semestre 1878, p. 383-384.

On pourrait, en s'en tenant aux traductions ou analyses énumérées ci-dessus, faire déjà un utile travail; mais j'ai encore d'autres documents à produire, et je voudrais, en réunissant le tout, essayer de fixer, s'il est possible, les notions que nous avons sur les supplices infernaux, les crimes dont ils sont le châtiment, et leur durée. Je n'ai pas la prétention de faire un traité complet sur la matière; et je ne m'occupe ni de la structure ni de la situation des enfers, si ce n'est occasionnellement et par exception.

J'avais eu d'abord la pensée de joindre à l'étude des enfers bouddhiques celle des enfers brahmaniques. Le Brahmanisme et le Bouddhisme se touchent de si près sur tant de points, surtout sur celui-là, qu'on ne peut guère les séparer. Mais il en serait résulté une trop grande complication, et je réserve aux enfers brahmaniques une étude spéciale.

## I. — Du nom et du nombre des enfers.

Le nom générique de l'Enfer est *Naraka* et *Niraya*, le premier de ces termes étant, à ce qu'il semble, employé de préférence dans les livres sanskrits, le second dans les livres pâlis. Les auteurs chinois de Beal prétendent que Naraka signifie « séjour des hommes pervers », voyant sans doute dans *Naraka* le mot *nara* « homme » suivi d'un suffixe péjoratif *ka*, et que Niraya signifie « opposé à la raison », « hors de la droite voie », interprétant sans doute *nir* « hors », *ayana* « conduite ». Je reproduis purement et simplement ces étymologies chinoises — qui doivent avoir une origine indienne — sans les discuter. Le nom chinois de l'enfer est *Ti-yo* « prison terrestre, souterraine ».

Mais chaque enfer a son nom spécial et Landresse nous donne les noms chinois de trente-deux enfers, dont seize « petits » et seize « grands ».

Les seize grands, par lesquels il nous paraît préférable de commencer, se divisent en brûlants et glacés ; il y en a huit de chaque espèce. Cette liste des seize grands enfers correspond à celle qui revient dans les textes sanskrits et tibétains chaque fois qu'on y décrit le rire du Buddha. Il y est dit invariablement que les rayons sortis de sa bouche arrivent froids dans les enfers chauds et chauds dans les enfers froids, sans qu'on distingue autrement ces deux catégories.

Voici cette liste :

| ENFERS CHAUDS. | ENFERS FROIDS. |
|---|---|
| 1. Sañjîva. | 9. Arbuda. |
| 2. Kâlasûtra. | 10. Nirarbuda. |
| 3. Sanghâta. | 11. Aṭaṭa. |
| 4. Raurava. | 12. Hahava. |
| 5. Mahâ-Raurava. | 13. Huhuva. |
| 6. Tapana. | 14. Utpala. |
| 7. Pratâpana. | 15. Padma. |
| 8. Avîci. | 16. Mahâ-Padma. |

Les seize petits enfers sont situés, dit Landresse, « aux portes de chacun des seize grands »; d'où il résulte qu'ils sont répétés seize fois. Il y en aurait donc deux cent cinquante-six qui, ajoutés aux seize grands, forment un total de deux cent soixante-douze lieux de supplices [1]. Mais Burnouf dit que les Bouddhistes du Sud comptent seulement huit enfers principaux (qui sont les premiers de la liste sanskrite) et quatre enfers plus petits autour de chacun d'eux; ce qui fait trente-deux petits enfers, quarante en tout, y compris les huit grands. Spence Hardy porte le total des enfers à cent trente-six, dont huit grands (les mêmes que ceux de Burnouf); il en reste, pour les petits, cent vingt-huit : ce qui veut dire que chaque grand enfer est entouré de seize petits, comme le veut Landresse. Voilà donc trois comptes différents.

La première cause de divergence est que les Bouddhistes du Sud n'ont pas d'enfers froids, selon Burnouf et Hardy, puisqu'ils ne donnent que la première moitié de la liste sanskrite; la seconde est dans la manière de compter les petits enfers du Bouddhisme méridional. Burnouf n'en voit que quatre attenant à chacun des huit enfers. Hardy en voit seize. Hardy et Landresse sont donc d'accord contre Burnouf sur la manière de compter les petits enfers; mais Hardy et Burnouf sont d'accord contre

[1] Landresse ne fait pas lui-même ce calcul; mais il semble résulter de ses explications.

Landresse pour ne voir que des enfers chauds; ce qui réduit de moitié le nombre des enfers donné par les livres chinois.

Le *Pañca-gati* donne raison à Burnouf contre Hardy et par suite contre Landresse. Il compte huit enfers principaux, les mêmes que ceux de Burnouf et que les huit brûlants de Landresse; il dit, en termes fort clairs, que « chacun des enfers (*niraya*) a quatre dépendances (*ussadâ*) », dont il donne les noms, qui sont, comme on verra, les petits enfers et forment avec les grands un total de trente-deux.

Il est à noter cependant que cette multiplication des enfers porte sur le nombre, non sur les noms. Les enfers répétés ont tous le même nom. Le Bouddhisme méridional n'a pas plus de douze noms d'enfers, et le Bouddhisme chinois plus de trente-deux. Mais quelques-uns de ces noms sont appliqués à un nombre plus ou moins considérable de lieux de supplices. Et encore n'ai-je pas tout dit sur ces nombres : Beal nous parle d'un enfer (le huitième des grands) qui se divise en cinq parties, c'est-à-dire en cinq enfers; mais il est impossible d'entrer ici dans toutes ces distinctions.

Nous avons à étudier les enfers chauds et les enfers froids, les grands enfers et les petits enfers. Commençons par les enfers chauds que tous admettent, et par les grands.

II. — Les huit grands enfers chauds.

Je prends les huit enfers l'un après l'autre, donnant d'abord la version du *Pañca-gati*, et ensuite celle des différentes autorités.

1. Le *Sañjîva* reçoit les violents, ceux qui ont tué et battu les êtres; ils y sont battus à leur tour, et, comme ils « vivent constamment », bien que frappés sans cesse, leur séjour est appelé par ce motif *sañjîva* (pleine vie). D'après Landresse et Beal, ils se déchirent les uns les autres avec des ongles de fer et se « croient » morts; mais l'action d'un vent froid les fait revenir à la vie; c'est l'enfer des « ressuscités » (*teng-ho*). A cette explication Beal en ajoute une autre qui correspond à une variante du nom; d'après les Âgama, dit-il, cet enfer aurait aussi le nom de *Sañjnâ* ou *Sañjñâna* (pensée) parce que les damnés « pensent » être morts, tandis qu'ils sont vivants. Beal dit aussi que ces damnés sont ceux qui ont fait le mal par le corps, la parole ou la pensée; définition trop vague et trop large. Le *Kandjour*[1], d'accord avec le *Pañca-gati*, met dans cet enfer les meurtriers qui y sont battus, tranchés et percés de coups par les gardiens. On verra plus

[1] *Kandjour*, dans cet article, désigne le *Pañcaçixâniçaṁsa-sûtra*; c'est pour éviter ce long titre que j'emploie le mot *Kandjour*; mais il s'agit d'un seul texte et d'un des plus courts de ce vaste recueil.

loin que le supplice décrit par Beal et Landresse se retrouve dans un des petits enfers du *Pañca-gati.*

2. Dans le *Kâlasûtra*, les menteurs, les mauvais fils, les faux amis, sont fendus et sciés comme des troncs d'arbre, suivant un « fil noir ». D'après Landresse, ils sont décapités ou sciés après avoir été chargés de « chaînes » de fer « noires » et brûlantes. Beal ajoute qu'un vent empoisonné envenime leurs blessures et corrompt leurs chairs. Il dit que ce lieu est réservé à ceux qui ont manqué de respect à leurs père et mère, au Buddha et à la confrérie. D'après cela, le Kâlasûtra ferait double emploi avec le huitième grand enfer (Avîci). Le *Kandjour,* d'accord avec le *Pañca-gati*, y met les menteurs qui, pourchassés sur un sol brûlant par des gardiens armés de coutelas et de haches, meurtris et tranchés, boivent leur propre sang.

3. Dans le *Sanghâta*, les meurtriers d'animaux sont l'objet d'un « carnage complet »; de là le nom de cet enfer. C'est, dit Landresse, l'enfer des « Montagnes comprimées » (ou comprimantes?) qui s'affaissent, tombent sur les damnés, les broient et les réduisent en bouillie. Beal parle aussi d'éléphants en fer qui les foulent aux pieds et les mettent en pièces, de mortiers en fer où ils sont pilés, de pierres lancées sur eux, de sorte que leur sang et leurs sécrétions couvrent le sol. C'est, dit-il, la pu-

nition de ceux qui ont commis un des trois actes criminels (haine, envie, colère). Les textes chinois donnent une interprétation du nom de cet enfer autre que celle des textes pâlis : *Chung-ho*, dit Beal, signifie « union assemblée » et vient de la réunion des supplices divers qui s'y rencontrent. Mais ces mêmes textes donnent un autre nom que Beal transcrit *Fau-yah* et Landresse *Touy-ya*[1] ; c'est ce dernier nom qui, d'après Landresse, signifierait « montagnes comprimées ».

4. Dans le *Raurava*, ceux qui ont infligé aux êtres corporels des tourments physiques ou moraux, les trompeurs et les violents sont brûlés par un feu qui leur arrache des « cris » (*rava*) incessants. Le commentaire du *Pañca-gati* distingue le Roruva de flammes (*Jâla-Roruva*) et le Roruva de fumée (*Dhûma-Roruva*). Landresse dit qu'on y cuit les damnés dans des chaudrons. Beal ajoute : ou sur des poêles chauffés au rouge, et dit que c'est le supplice des meurtriers et des empoisonneurs. Ce sont les voleurs que le *Kandjour* met dans cet enfer; il distingue, comme le commentaire du *Pañca-gati*, le Raurava de feu et le Raurava de fumée; dans l'un le feu, dans l'autre la fumée passe par neuf trous, et le corps du patient, exposé soit à l'un, soit à

[1] L'une des deux initiales *F* ou *T* doit être une faute d'impression; Beal ne donne pas l'explication de ce terme. Je n'entre pas dans la discussion des noms chinois, parce que Beal et Landresse ne les donnent jamais qu'en transcription.

l'autre, est rôti par le feu ou cuit par la fumée. Mais le *Kandjour*, pas plus que le commentaire du *Pañcagati*, ne dit à quelles transgressions particulières correspondent ces deux sortes de traitements.

5. Ceux qui détruisent les biens des dieux, des *dvijas* (expression singulière dans un texte bouddhique), de leurs *gurus*, confiés à leurs soins, les dépositaires infidèles [1] sont brûlés dans le Mahâ-Raurava par un feu terrible (*ghora*) qui les fait « crier encore plus fort » que les damnés du compartiment précédent; de là le nom de cet enfer. D'après Landresse, le patient, après avoir été bouilli comme ci-dessus, ressuscite pour être rôti dans des fourneaux où il pousse des cris effroyables; Beal ajoute qu'il est placé sous des haches et des couteaux. C'est, dit-il, le supplice des hérétiques et des malfaiteurs. Le *Kandjour* met dans le Mahâ-Raurava les adultères, sans toutefois décrire leur supplice, et ne s'étend que sur les souffrances auxquelles ils sont soumis ultérieurement dans un lieu dont il sera question plus tard.

6. Les incendiaires de forêts subissent la peine du talion dans le *Tapana*. D'après Landresse, les damnés sont rôtis par la flamme et les murs surchauffés de ce séjour : Beal dit qu'ils sont placés au

[1] *Nikkhepahârino* que j'ai traduit par « impatients », ce que je ne m'explique pas.

sommet d'une tour de fer, rouge au dedans comme au dehors, où leurs chairs sont brûlées et réduites en cendres. C'est, ajoute-t-il, le supplice de ceux qui rôtissent ou cuisent les animaux pour s'en repaître. Le *Kandjour* y met les ivrognes qui y cuisent plusieurs milliers d'années et, comme pour les adultères, insiste seulement sur les tourments infligés à ces coupables dans une autre région.

7. Une chaleur encore plus intense cuit, dans le *Pratâpana*, les négateurs (*nâstikas*), les déserteurs de la loi et les oppresseurs des êtres. Landresse nous apprend que les damnés, saisis avec des fourches, sont exposés au feu allumé dans des fossés dont les bords sont des montagnes de feu, et à l'ardeur des murs brûlants de cette prison. Les « dix mille douleurs » éprouvées par ces malheureux expliquent les noms donnés à cet enfer et au précédent, lesquels ne diffèrent que par l'épithète *ta* « grand » rendant le préfixe sanskrit *pra*. D'après Beal, ce sont les apostats, ceux qui ont rejeté le bien pour se tourner vers le mal qui sont punis dans cet enfer; ils y sont plongés dans un lac de feu, d'où on les empêche de sortir en les perçant avec des pointes de fer.

8. Pour avoir outragé ses supérieurs, les auditeurs (du Buddha), ses père, mère, guru, on renaît dans l'*Avîci*, où l'on a les os disjoints par l'action d'un feu violent et perpétuel; on n'y a pas de relâche

(*na vîci*) pour le bien-être (*sukhassa*), de là le nom de Avîci. On y naît, on y souffre, on y meurt sans interruption, dit Landresse; c'est le plus terrible des enfers. D'après Beal, les damnés, écorchés par les licteurs, sont placés dans des chariots de feu et voiturés à travers cette demeure de fer dont les flammes enveloppent leurs corps, pendant que mille vents empoisonnés assaillent leurs sens de tous côtés. C'est là, dit-il, que sont punis ceux qui ont commis les plus grands crimes; définition par trop vague.

Outre ces détails, empruntés comme les précédents à l'école Sarvâstivâdî, Beal en ajoute d'autres puisés dans des livres dont il donne les titres et qu'il serait trop long de reproduire. Je note seulement la distinction de cinq Avîci et le discours de Yama aux habitants de cet enfer : « Scélérats, durant votre vie, vous avez semé pour l'enfer, vous avez désobéi à vos père et mère, et suivi toutes sortes d'enseignements hérétiques; et maintenant vous êtes nés dans l'enfer. »

Le crime est ici mieux défini que dans le paragraphe précédent.

### III. — Remarques sur l'attribution des enfers aux divers crimes.

On a vu que les différentes autorités ne sont pas d'accord sur l'attribution de tel ou tel enfer à tel ou tel crime. Je résume ici ces divergences dans un tableau synoptique.

| | PAÑCA-GATI. | KANDJOUR. | BEAL. |
|---|---|---|---|
| 1. *Sañjîva*......... | violents, meurtriers; | meurtriers.... | péchés par pensée, parole ou action. |
| 2. *Kâlasûtra*....... | menteurs, mauvais fils, faux amis; | menteurs..... | offenses aux supérieurs. |
| 3. *Sanghâta*........ | meurtriers d'animaux; | 〃 | haine, envie, colère. |
| 4. *Raurava*........ | tyrans des êtres; | voleurs...... | meurtriers et empoisonneurs. |
| 5. *Mahâ-Raurava*.... | dépositaires infidèles; | adultères..... | hérétiques et malfaiteurs. |
| 6. *Tapana*......... | incendiaires de forêts. | ivrognes..... | rôtisseurs d'animaux comestibles. |
| 7. *Pratâpana*....... | adversaires de la loi; *nâstikas*, oppresseurs des êtres; | 〃 | apostats. |
| 8. *Avîci*........... | offenses aux supérieurs; | 〃 | grands criminels, désobéissants à père et mère. |

Je fais sur ce tableau et les données qu'il résume les remarques suivantes.

1. L'accord entre les textes n'existe pas ou n'existe que partiellement. 2. Plusieurs crimes punis, selon un même texte, dans des enfers différents, ont entre eux une analogie qui ne paraît pas justifier cette diversité. 3. Il est étonnant que ni le *Pañca-gati* ni Beal ne parlent de l'adultère; mais nous aurons à

revenir sur ce point. 4. Les définitions des crimes données par les textes chinois sont parfois trop vagues, au moins dans la traduction de Beal. 5. Il paraît bien juste que cinq enfers soient respectivement attribués à la punition des cinq crimes que l'on peut appeler « ordinaires », savoir : meurtre (1. Sañjîva); vol (4. Raurava); mensonge (2. Kâlasûtra); adultère (5. Mahâ-Raurava); ivrognerie (6. Tapana). Mais il est étonnant que le *Kandjour* soit seul pour faire ces attributions, qu'il ne se rencontre que sur deux points avec le *Pañca-gati,* qu'il ne se rencontre sur aucun avec Beal. Il reste trois enfers que nous devons considérer comme réservés, d'après le *Kandjour,* aux crimes « extraordinaires » : le Sanghâta (3), le Pratâpana (7), l'Avîci (8). Nous savons que l'accord existe sur l'Avîci destiné à ceux qui violent le respect. Restent le Sanghâta (3) et le Pratâpana (7). Sur celui-ci, Beal et le *Pañca-gati* sont sensiblement d'accord; on y punit les ennemis de la loi. Sur le Sanghâta, il semble qu'il y ait à la fois désaccord, confusion et incertitude. Car Beal y met des coupables définis d'une manière trop vague; ceux que le *Pañca-gati* y envoie semblent être les mêmes que ceux qui, d'après Beal, peuplent le Tapana.

Mais l'étude des petits enfers nous forcera de revenir sur ces confusions et ces incohérences.

## IV. — Les petits enfers.

Il y en a seize dont Landresse donne les noms chinois et décrit les tourments. Il y en a seize, dit également Beal, qui toutefois n'en fait pas l'énumération et se borne à en désigner trois : le premier « Black pebble hell », qui est certainement le *He-cha-ti-yo* (enfer du sable noir) de Landresse; le deuxième « Bubbling filth hell », qui doit être le *Fey-chi-ti-yo*, et le seizième « The freezing cold hell », évidemment le *Han-ping-ti-yo* de Landresse, où un grand vent froid souffle sur le corps des coupables et le raidit, etc. Il n'est pas étonnant que nos deux sinologues soient d'accord; seulement Beal dit que les damnés du premier grand enfer, après y avoir fait leur temps, passent successivement par ces seize petits enfers; il le répète un peu plus brièvement pour le deuxième, plus brièvement encore pour le troisième et le quatrième, sans plus. Il faut supposer qu'il en est de même pour les quatre suivants, mais que, pour tous les huit grands, ce sont les mêmes petits enfers qui servent d'appendices. D'après cela, on ne devrait compter, semble-t-il, que trente-deux enfers, les seize grands et les seize petits.

Le *Pañca-gati* ne nomme que quatre *ussadâ* (petits enfers); mais l'un d'eux présente une telle variété de supplices que le nombre réel paraît supérieur à quatre. Je compte en tout, dans les quatre *ussadâ*, la description de seize châtiments appliqués, à une exception près, à autant de crimes distincts. L'écart est donc moins grand qu'il ne semble au premier abord entre le Nord et le Sud.

Il importe de noter ici que les supplices infernaux vus par Dhâtustejas, d'après le *Dvâviṁçati-avadâna*, appartiennent à la classe des petits enfers. Ce voyageur aventureux commence par traverser, sur le dos d'un Ugra, une plaine de sable brûlant qui doit être le « Black pebble hell » de Beal; puis il rencontre successivement : 1° un homme qui flambe pour avoir incendié une forêt; 2° un autre dévoré par des corbeaux et des vautours pour avoir trahi la confiance; 3° un autre condamné à avaler une colonne de fer rouge pour avoir volé la confrérie; 4° un autre qui marche sur des rasoirs tranchants en punition d'un acte non désigné (il y a une lacune dans le ms.); 5° deux femmes qui se mordent les genoux depuis douze ans pour avoir refusé de la nourriture; 6° un homme attaché avec des épines de fer et becqueté par un Garuḍa pour adultère; 7° une femme liée à un arbre et mordue par des chiens à dents de fer, également pour adultère; 8° un homme couronné d'un disque de fer brûlant pour outrage à sa mère; 9° un Preta portant la peine de son égoïsme; 10° un damné soumis à une pluie de feu et souffrant pour avoir refusé de l'eau. Le mélange des Pretas et des damnés proprement dits ne paraît pas très régulier; mais peu importe.

Étudions maintenant les petits enfers que le *Pañ-*

*ca-gati* et tout le Bouddhisme du Sud appellent les dépendances, les appendices, les excroissances du Niraya (Nirayussadâ).

Le premier est le *Milha-kûpa* (puits d'excréments); on y est rongé des vers; il doit correspondre au *Fey-chi-ti-yo* (« Bubbling filth hell » de Beal), quoique les descriptions ne concordent guère. Le deuxième est le *Kukkula* (cendres chaudes) où l'on cuit comme « des grains de moutarde »; Beal n'en parle pas. Ce pourrait être, d'après le nom, le onzième de Landresse, le *Hoeï-ho* (fleuve de cendres); mais nous verrons tout à l'heure que la description donnée par Landresse correspond à autre chose. Le *Pañca-gati* dit très clairement que, en sortant du grand Niraya, on va dans le Milha-kûpa, en sortant de celui-ci, dans le Kukkula, en sortant du Kukkula dans le troisième dont nous parlerons tout à l'heure. Il semble résulter de là que, de même que les seize enfers septentrionaux, les quatre enfers méridionaux servent pour les huit grands enfers. Le nombre total se réduirait donc, pour le Sud, à douze : huit grands, quatre petits.

Le troisième petit enfer est l'*Asipatravana* (forêt des lames d'épée), le quinzième (*Khian-tchou*) de Landresse. Les damnés, sortant du Kukkula, aperçoivent des arbres verts et se réjouissent à la pensée de s'y rafraîchir à l'ombre; mais ils sont cruellement déçus, car cette forêt est pleine d'animaux féroces qui les dévorent à belles dents et d'oiseaux de proie qui les déchirent de leur bec de fer. Le texte ne dit



IMPRIMERIE NATIONALE.

pas que ce traitement soit la punition d'un crime spécial; mais il décrit ensuite une série de onze supplices qui ne peuvent avoir pour théâtre que cet enfer. Je vais les indiquer sans m'astreindre à suivre l'ordre du texte qui n'a rien de rigoureux.

1. Les gens de guerre se battent entre eux à coups d'ongle; car leurs ongles sont des lames d'épée. Aussi les appelle-t-on *Asinakhâ*. D'après cela, cet enfer pourrait être appelé aussi « l'enfer aux ongles-épées ». Il est à noter que le supplice décrit ici est celui du Sanjîva d'après Beal et Landresse.

2. L'adultère est contraint de monter sur un *simbali* (cotonnier) qui a des épines d'une longueur de seize doigts; supplice à comparer avec le sixième vu par Dhâtustejas. Le *Kandjour*, après avoir mis les adultères dans le Mahâ-Raurava, sans donner aucun détail, les fait passer dans le bois de Çalmala, où ils se meurtrissent aux épines des arbres. Ce bois est-il la forêt des lames d'épée? Pas précisément; mais il lui touche de près, comme on le verra plus loin. Il est d'ailleurs évident que les données fournies par les trois textes allégués sont des variantes d'un thème unique.

3. Le ravisseur des femmes d'autrui est embrassé par des femmes gigantesques à dents de fer, enflammées, qui le dévorent.

4. Celui qui a trahi la confiance est dévoré par

des chiens, des corbeaux, des vautours « dans la forêt des lames d'épée », dit expressément le texte, qui peut-être ne fait que répéter ici la description du supplice indiqué plus haut sans désignation du crime puni. Quoi qu'il en soit, ce supplice coïncide avec le deuxième vu par Dhâtustejas et peut être rapproché des tourments qui caractérisent le quatorzième enfer de Landresse (l'enfer aux loups).

5. Les ravisseurs du bien d'autrui ont pour nourriture des boules de fer brûlant et pour breuvage du cuivre liquide empoisonné; supplice à rapprocher du troisième vu par Dhâtustejas. Les deux crimes punis ne sont pas identiques : le *Pañca-gati* semble désigner le vol commis avec violence, le *Dvâviñçati-avadâna* le vol commis aux dépens des Bhixus. Aucun des deux textes ne paraît entendre le vol proprement dit dans son acception la plus générale. On peut comparer avec les quatrième et cinquième enfers de Landresse (enfers de la faim et de la soif).

6. L'amateur de la chasse est dévoré par des chiens à dents de fer; mais le *Pañca-gati* lui-même avait déjà mis dans le grand enfer Sanghâta ceux qui tuent des antilopes, des lièvres, etc. Il est malaisé de voir une différence entre ces deux ordres de coupables. Ce supplice peut être comparé avec celui du quatorzième enfer de Landresse (*Tchay-lang-ti-yo* « l'enfer aux loups »).

7. Celui qui s'est laissé corrompre par des présents est frappé avec le *cakra.*

8. Ceux qui ont tourmenté les êtres sont broyés dans des mortiers dont les pilons sont des montagnes.

9. Ceux qui ont écrasé des êtres vivants entre les ongles sont broyés incessamment entre de vastes rochers.

10. Ceux qui écrasent les créatures trouvées dans le riz sont écrasés avec des pilons en fer.

Ces trois supplices, que nous réunissons, bien que le texte les sépare, ont de l'analogie tant par la forme du châtiment que par la nature du crime. Ils répondent assez exactement à ceux que Beal décrit comme propres au grand enfer Sanghâta, où le *Pañca-gati* (nous l'avons déjà noté) met des coupables qui, s'ils ne sont pas identiques à ceux qui viennent d'être désignés, peuvent cependant être rangés dans la même famille.

11. Ceux qui rompent les digues de la loi et enseignent la mauvaise voie sont condamnés à marcher sur des rasoirs tranchants rougis au feu. C'est le quatrième supplice vu par Dhâtustejas; une lacune du manuscrit ne permet pas de connaître le crime puni par ce supplice selon le *Dvâviñçatî-avadâna;* mais ce doit être celui qu'indique le *Pañca-gati.* Ce

crime ne diffère pas sensiblement de ceux qui, d'après Beal, sont punis dans le Mahâ-Raurava et dans le Pratâpana.

12. Un douzième châtiment, celui des gens cruels et irascibles, consiste à renaître « Raxasas de Yama » (*Yamarakkasâ*).

Qu'est-ce que ces Raxasas? — Les bourreaux de l'Enfer? Probablement. Le commentaire interprète ce terme par *Yamalokikârâ*. L'expression « Raxasa de Yama » se rencontre dans l'Avadâna-Çataka où il est dit d'une Pretî qu'elle ressemble à une Raxasî de Yama parce qu'elle dévore les enfants dont elle accouche incessamment.

Le quatrième Ussada est *Nadî* « le fleuve » de cuivre liquide, appelé aussi *Vetaraṇî* « l'infranchissable », dans lequel sont brûlés les meurtriers des poissons et autres animaux aquatiques. C'est tout ce qu'en dit le *Pañca-gati;* mais on doit supposer que ce fleuve fournit aux ravisseurs du bien d'autrui le cuivre liquide dont ces malheureux s'abreuvent.

Le onzième enfer de Landresse, le *Hoeï-ho-ti-yo*, étant un fleuve de cendres, diffère notablement du Vetaranî; il est cependant certain qu'il lui correspond. C'est le *Kandjour* qui nous fournit le moyen d'établir cette correspondance; car il parle deux fois du « fleuve infranchissable » (*Chu-vo-rab-med* [1]) : 1° à propos des adultères qui, au sortir du Mahâ-

[1] *Rab-med*, qui est la traduction de *Vetaraṇî*, est donné, dans le *Kandjour*, comme un qualificatif, non comme un nom propre.

Raurava, vont « entre les deux bras » (c'est-à-dire dans une île) de ce fleuve où ils sont forcés de monter dans les arbres gigantesques d'un bois de Çâlmala pour se meurtrir aux épines de fer et se brûler à la cime de ces arbres; 2° à propos des ivrognes qui, au sortir du Tapana, vont sur les bords de ce même fleuve présenté tantôt comme un courant, tantôt comme un marais, où le sol mouvant cède sous leurs pas, où on les pêche à l'hameçon, comme des poissons, pour leur verser dans la bouche un jet de fonte de fer, où des pétales de lotus en fer nageant à la surface du liquide les blessent à tout instant. Comme Landresse parle de ce bois, de ces épines de fer, des arbres et du fleuve, nous pouvons conclure que son onzième petit enfer est bien le Vetaraṇî. Seulement il le place au milieu des autres enfers, tandis que le *Pañca-gati* le met visiblement à la limite de la région infernale, comme le Styx gréco-romain.

Il est à remarquer que la description du supplice de l'adultère donnée par le *Kandjour* répond à celle du *Pañca-gati*. *Simbalî* pâli est le sanscrit *Çâlmala*. Le *Pañca-gati* le place un peu vaguement dans l'Asipatravana, le *Kandjour* le met avec plus de précision dans une île du Vetaraṇî; mais comme on est forcé de conclure de la description du *Pañca-gati* que le Vetaraṇî coule le long de la forêt des lames d'épée, il y a sur ce point un accord suffisant entre nos divers textes chinois, tibétains et pâlis.

Quant aux ivrognes, dont le Kandjour note simplement le séjour dans le Tapana et ne décrit que les souffrances dans le Vetaraṇî, ni Beal ni le *Pañca-gati* n'en disent mot. Ce silence est singulier; il est vrai que, selon la remarque très juste des livres pâlis, l'ivresse fait commettre d'autres crimes, et que, par conséquent, l'ivrogne reçoit toujours d'une manière ou d'une autre la punition due à son vice. Cependant l'usage des liqueurs enivrantes étant une transgression bien définie, on ne comprend pas qu'une place spéciale ne soit pas réservée dans les Narakas à ceux qui s'en rendent coupables et que des livres traitant de l'Enfer restent muets sur un point de cette importance.

## V. — Conclusion.

Je voudrais terminer cette étude sur les enfers chauds par quelques remarques : 1° sur le rôle des petits enfers et leur rapport avec les grands; 2° sur le nombre total des enfers :

1° Nos textes sont unanimes à déclarer que, au sortir de chacun des grands enfers, on traverse tous les petits; ils ne donnent jamais à entendre qu'on passe d'un des grands dans un autre. La conclusion paraît devoir être qu'on subit dans un grand enfer la peine du genre de crime auquel on s'est plus spécialement adonné et, dans les petits, celle des autres transgressions dont on a semé sa vie. Mais le *Kandjour* contredit cette donnée; car il semble résulter de ses déclarations que les adultères et les ivrognes sont punis dans les petits enfers des mêmes crimes pour lesquels ils ont déjà souffert dans les grands; et il a l'air d'attacher plus d'importance à cette seconde série de supplices qu'à la première, ce qui vient à l'appui de cette affirmation de Landresse que les tourments vont toujours en augmentant, d'où résulte pour les petits enfers la qualification de « enfers de la transmigration et du redoublement ».

Ce « redoublement » se présente aussi sous d'autres formes et en sens contraire. Le huitième patient vu par Dhâtustejas avait offensé sa mère; il est dans la même situation que Maitrakanyaka de l'Avadâna-çataka et Mittavindaka du Jâtaka. Le lieu de son supplice est un *ussada*. Mais les textes déclarent d'un commun accord que l'offense à une mère est un des crimes qui s'expient dans l'Avîci; et l'Avadâna-Çataka nous cite l'exemple de Lekuñcika condamné à passer tout un *kalpa* dans ce grand enfer pour avoir laissé sa mère mourir de faim. Le crime de Maitrakanyaka-Mittavindaka était moins grave. Que faut-il conclure de là? Qu'on allait soit dans un grand enfer, soit dans un petit, selon la gravité de l'acte? Mais cela est en contradiction avec le principe posé qu'on n'entre dans les petits enfers qu'en sortant des grands.

Je pourrais insister sur d'autres contradictions; mais il me semble que c'est inutile. Je me borne à poser ces questions : Les petits enfers servent-ils pour le même coupable à la punition du même crime? Et dans ce cas constituent-ils une aggravation ou une diminution de peine? S'ils ne comportent ni une aggravation ni une diminution, quelle est leur raison d'être? Ou bien servent-ils à punir des transgressions autres que celles qui ont été punies dans les grands enfers? Je me trouve hors d'état de répondre à ces questions, parce que à toute réponse qui y serait faite on peut opposer un texte contraire.

On pourrait encore poser d'autres questions, entre autres celle-ci : les grands et les petits enfers représentent-ils deux conceptions distinctes du monde infernal, deux systèmes différents, indépendants l'un de l'autre, qu'on aurait ensuite réunis et fait concorder tant bien que mal? Mais je ne suis pas plus en mesure de répondre à ces questions qu'aux précédentes.

2° J'ai déjà émis l'hypothèse qu'on ne devait pas compter plus d'enfers qu'il n'y a de noms donnés, par conséquent douze (8+4) dans le système pâli, vingt-quatre (8+16) dans le système chinois : en effet, quel que soit le grand enfer dont on sort, on en a quatre (ou seize) petits à traverser, toujours les mêmes. Il n'y a donc pas lieu de multiplier les petits enfers. Mais cela suppose que les huit grands enfers sont contigus et forment un ensemble. Car s'ils ne se touchent pas, s'ils sont isolés, séparés par de grandes distances, alors les petits enfers se répètent autour de chacun d'eux, et l'on n'en peut compter moins de quarante avec Burnouf et de cent trente-six avec Landresse et Hardy.

Landresse et Beal représentent les enfers comme superposés ou échelonnés, formant des étages. Cette conception ne semble favorisée ni par le *Pañca-gati* ni par le *Dvâvimçati-avadâna;* mais la notion qui paraît résulter de tous les renseignements donnés est que les Narakas sont rassemblés dans une même région et forment un groupe.

La divergence des textes chinois et des pâlis, quant au nombre des petits enfers, est manifeste. Les chinois en comptent douze de plus que les pâlis; mais nous avons noté dans la description des Ussadas beaucoup plus de supplices que d'enfers dénommés. Nous avons même compté juste seize de ces supplices, dont quelques-uns correspondent plus ou moins exactement à certaines descriptions de Landresse. Il est inutile de chercher à les identifier tous. Il suffit de constater que la multiplicité des supplices décrits dans le *Pañca-gati* atténue d'une façon notable la différence numérique qui existe entre les seize petits enfers chinois et les quatre Ussadas pâlis.

Je proposerais donc de ne compter que douze enfers au moins et vingt-quatre au plus, savoir : huit grands enfers avec un nombre de dépendances dont le minimum est quatre, mais qui, par suite de la distinction plus ou moins précise des divers compartiments, peut être élevé jusqu'à seize; ou, si l'on aime mieux : huit grands enfers avec quatre dépendances, comportant seize subdivisions.

Il existe d'autres noms de Narakas que ceux que nous avons cités. Ainsi Sp. Hardy, dans son *Manual* (p. 60), nomme le « Lohokumba hell » (l'enfer aux vases de fer), que nous retrouverons parmi les enfers brahmaniques. Mais où le classer?

## II. — LES ENFERS FROIDS.

### I. — Enfers chinois.

La description des huit enfers froids donnée par Beal correspond assez exactement à celle de Landresse. Les souffrances consistent essentiellement en gerçures ou autres altérations de la peau, du sang et des os, causées par un froid excessif; je n'insiste pas sur ce point. Comme pour les enfers chauds, Beal ajoute des détails qui ne se trouvent pas chez Landresse; il est seulement à noter qu'il ne parle pas des crimes punis dans ces enfers. Les renseignements ne portent que sur la situation, l'étendue, la durée de séjour et même le nombre de ces lieux de souffrance. Je laisse de côté les deux premiers points; mais il faut bien dire un mot des deux autres.

Au sujet du nombre, Beal, après avoir décrit les huit enfers de Landresse, cite un passage de l'*Abhidharma-çâstra* disant qu'il y en a dix dont le premier est l'Avata et le dernier le Padma, et un autre de la *Chwang-tsun inscription* disant « qu'il y a dix autres enfers, dont le premier est l'Avata ». Nous retrouverons tout à l'heure ce compte de dix[1].

Relativement à la durée du séjour, le *San-fah-to-sûtra*[2] dit que celle du premier, l'Avata, est égale au temps qu'il faudrait pour retirer, tous les cent ans, un grain de chènevis d'une mesure Kusûla (Kieou-sah-lo) contenant vingt « peks » de cette graine jusqu'à la dernière. La durée du séjour du deuxième enfer, Niravata, est vingt fois aussi longue, et ainsi de suite. D'après la *Chwang-tsun inscription*, qui appelle *Vaha* ce que le texte précédent appelle *Kusûla*, la longueur du séjour dans l'Avata est la même; mais dans le Niravata elle est deux fois aussi longue (au lieu de vingt fois), et ainsi de suite, la durée pour chaque enfer étant le double de celle du précédent[3].

## II. — Enfers méridionaux.

Burnouf constate, dans les notes ajoutées à la notice de Landresse, que les noms des enfers froids

[1] *Catena*, p. 64.

[2] *Catena*, p. 64 : « Peut-être le *Samvatta-sûtra* », dit Beal; très certainement le *Saṃyutta-nikâya*, dirai-je à mon tour. — Les Chinois ne transcrivent pas ordinairement le mot *Saṃyutta*, ils le traduisent. Mais la suite prouvera que l'identification du *San-fah-to-sûtra* de Beal et du *Saṃyutta-nikâya* s'impose.

[3] Je crois que c'est là ce que Beal ou son texte chinois veut dire; car on pourrait entendre qu'elle est double pour le deuxième, triple pour le troisième. . . . décuple pour le dixième.

ont leurs correspondants dans le *Dharma-pradîpikâ*. On se demande alors pourquoi il n'en tient pas compte dans la notice où il fait la « somme totale de ces lieux de châtiment ». Il est certain que les Bouddhistes du Sud connaissent les noms de ces enfers réputés froids et que même ils en ont dix au lieu de huit, comme les textes septentrionaux cités plus haut. Ces dix noms se trouvant dans un sûtra du *Sañyutta-Nikâya*[1], je ne crois pas pouvoir mieux faire que d'en donner ici la traduction complète. Car c'est un texte important, qui fait autorité ; la partie essentielle en est reproduite intégralement en pâli dans le *Dharma-pradîpikâ*, et les renseignements fournis par les deux textes chinois précités y ont été certainement puisés comme ceux du traité singhalais. Voici la partie en prose de ce sûtra, dont je retranche seulement les vers de la fin :

### KOKÂLIKA.

1. Bhagavat résidait à Çrâvastî, etc...

2. Alors le bhixu Kokâlika[2] se rendit auprès de Bhagavat ; quand il se fut rendu près de lui, il le salua et s'assit à une petite distance.

3. Assis à une petite distance, Kokâlika parla ainsi à Bhagavat : « Vénérable, ce sont de mauvais désirs qui animent Çâriputra et Maudgalyâyana ; ils sont en proie aux mauvais désirs. »

[1] *Sagâtha; Brahma-Sañyutta*, I, 10.

[2] Les manuscrits singhalais ont *Kokâliya*.

4. A ces mots, Bhagavat parla ainsi au bhixu Kokâlika : «Ne parle pas ainsi, Kokâlika! Ne parle pas ainsi, Kokâlika! Apaise ton esprit à l'endroit de Çâriputra et de Maudgalyâyana! Ce sont des gens aimables que Çâriputra et Maudgalyâyana.»

5-6. Une deuxième fois Kokâlika parla ainsi à Bhagavat : «Ce sont de mauvais désirs,» etc...

7-8. Une troisième fois, etc...

9. Alors le bhixu Kokâlika se leva de son siège, salua Bhagavat, fit le pradaxiṇa et partit.

10. Peu après le départ du bhixu Kokâlika, tout son corps fut infecté de pustules grandes comme des grains de moutarde. De la dimension d'un grain de moutarde elles passèrent à celle d'un haricot, de celle d'un haricot à celle d'un pois chiche, de celle d'un pois chiche à celle d'une graine de jujube, de celle d'une graine de jujube à celle du jujube, de celle du jujube à celle de la noix de Bengale, de celle de la noix de Bengale à celle du fruit du Vilva encore vert, de celle-ci à celle du Vilva (mûr). Une fois de la grandeur du fruit du Vilva, elles crevèrent; il en sortit du pus et du sang.

11. Or le bhixu Kokâlika mourut de ce mal. Une fois mort, le bhixu Kokâlika renaquit dans le Paduma-niraya, pour avoir eu des pensées injurieuses à l'égard de Çâriputra et de Maudgalyâyana.

12. Alors Brahmâ, le maître du monde, (venant) à une heure avancée de la nuit, entouré d'un grand éclat qui fit resplendir tout Jetavana, se rendit auprès de Bhagavat. Arrivé près de Bhagavat, il le salua et s'assit à une petite distance.

13. Assis à une petite distance, Brahmâ, le maître du monde, parla ainsi à Bhagavat : «Vénérable, le bhixu Kokâlika

est mort; après sa mort, vénérable, le bhixu Kokâlika est ne de nouveau dans le Paduma-niraya, à cause des pensées injurieuses qu'il avait eues à l'égard de Çâriputra et de Maudgalyâyana. »

14. Ainsi parla Brahmâ, le maître du monde. Ces paroles dites, il salua Bhagavat, fit le pradaxiṇa et disparut à l'instant même.

15. La nuit finie, Bhagavat interpella les bhixus : « Cette nuit, bhixus, Brahmâ, le maître du monde, (est venu) à une heure avancée de la nuit, » etc. Ces paroles dites, il me salua, fit le pradaxiṇa et disparut à l'instant même.

16. A ces mots, un des bhixus parla ainsi à Bhagavat : « Vénérable, de quelle longueur est la durée du séjour dans le Paduma-niraya? »

17. « Longue, bhixu, est la durée du séjour dans le Paduma-niraya. Il n'est pas aisé de compter tant d'années, tant de centaines d'années, tant de milliers d'années, tant de centaines de milliers d'années. »

18. « Vénérable, il est possible de faire une comparaison? »

— « Cela est possible, bhixu, dit Bhagavat. Supposons un chariot (*vâha*) de Koçala contenant 20 khâris, rempli de grains de sésame, duquel un homme retirerait un grain tous les cent ans[1] : Eh bien, bhixu, ce chariot de Koçala contenant 20 khâris de grains de sésame serait vide et l'opération serait finie avant un (séjour dans le) Niraya Abbuda. Eh bien, bhixu, 20 Abbuda-nirayas valent un Nirabbuda-niraya; 20 Nirabudda-nirayas un Ababa-niraya; 20 Ababa-nirayas un Ahaha-niraya; 20 Ahaha-nirayas un Kumuda-niraya; 20 Ku-

[1] *Vassasatassa vassasatassa accayena;* la répétition a une valeur distributive. C'est à tort que j'ai imprimé *vassasatassa vassasahassa*... Je ne trouve dans mes notes rien qui justifie cette leçon.

muḍa-nirayas un Soghandhika-niraya; 20 Sogandhika-nirayas un Uppalaniraya; 20 Uppalanirayas un Puṇḍarîka-niraya; 20 Puṇḍarîka-nirayas un Paduma-niraya. Or c'est dans le Paduma-niraya que le bhixu Kokâlika est rené pour avoir eu de mauvaises pensées à l'égard de Çâriputra et de Maudgalyâyana [1]. »

Ainsi parla Bhagavat... (Suit la partie versifiée.)

Notons diverses particularités que ce texte recommande à notre attention.

III. — Du nombre et des noms des enfers froids.

La comparaison de la liste du Nord (sinico-sanskrite) et de la liste du Sud (pâlie) nous présente le tableau suivant :

| | SANSKRIT. | CHINOIS. | PÂLI. |
|---|---|---|---|
| 1. | Arbuda. | O-feou-to. | Abbuda. |
| 2. | Nirarbuda. | Ni-lai-feou-to. | Nirabbuda. |
| 3. | Aṭaṭa. | O-tcha-tcha. | Ababa. |
| 4. | Hahava. | O-po-po. | Aṭaṭa. |
| 5. | Huhuva. | Eou-heou. | Ahaha. |
| 6. | Utpala. | Yo-po-lo. | Kumuda. |
| 7. | Padma. | Po-teou-mo. | Soghandhika. |
| 8. | Mahâ-Padma. | Fen-to-ly [2]. | Utpala. |
| 9. | ........... | ............. | Puṇḍarîka. |
| 10. | ........... | ............. | Paduma. |

[1] C'est ce paragraphe qui est reproduit dans le *Dharmapradîpikâ* (olle *grî*, 40).

[2] Il est à noter que les noms des enfers froids sont transcrits, tandis que ceux des enfers chauds sont traduits par les Chinois. — Le troisième nom de ces enfers froids est aussi transcrit *ho-ho* et le quatrième *hiao-hiao-po*.

Les cinq premiers noms sont les mêmes dans les trois listes; seulement le troisième et le quatrième sont intervertis, les listes sanskrite et chinoise mettant au troisième rang celui que la pâlie met au quatrième et réciproquement[1]. Burnouf avait noté ce déplacement. Les derniers noms de chaque liste sont tous des noms de lotus, adoptés, disent les textes chinois, parce que les ulcères produits par le froid affectent la forme de ces différentes variétés de la fleur de lotus; les deux premières listes ont trois de ces noms, la dernière en a cinq; celle-ci ajoute les noms Kumuda et Soghandhika qu'elle met en tête des autres; pour les trois noms restants, elle intervertit l'ordre des deux derniers et remplace Mahâ-Padma par Puṇḍarîka, substitution que fait aussi la liste chinoise, mais sans troubler l'ordre de la liste sanskrite. Burnouf avait déjà noté toutes ces particularités.

Ce qu'il y a de plus important à retenir ici, c'est l'existence de deux comptes de cette série d'enfers, qui en portent le total l'un à huit, l'autre à dix. Le second est évidemment spécial au Bouddhisme du Sud; il n'est pourtant pas étranger au Bouddhisme du Nord, puisque, d'après les textes chinois, l'Abhidharma-Çâstra, qui appartient à cette école, en parle comme les livres du Bouddhisme méridional.

[1] Les noms 4 et 5 de la liste sanskrite se ressemblent beaucoup et sont écrits diversement dans les manuscrits. Il semble que les copistes les aient confondus.



IMPRIMERIE NATIONALE.

De plus, les « dix-huit » enfers mentionnés dans les dictionnaires tibétains de Csoma, Schmidt et Jaeschke ne semblent pouvoir être que les dix enfers (réputés froids) de la liste du Sud, ajoutés aux huit enfers chauds admis au Nord comme au Sud.

### IV. — Durée du séjour des différents enfers.

Pour exprimer la durée du séjour dans le premier de ces enfers, l'Abbuda, notre texte dit qu'elle est égale et même supérieure au temps qu'il faudrait à un homme pour vider un chariot de Koçala contenant vingt khârîs, chargé de grains de sésame (*visatikhâriko kosalako tilavâho*) — ce que Beal exprime, d'après le *San-fah-to sûtra*, par « a Kusûla (Kieou-sah-lo) measure containing twenty pecks of hemp seed » et d'après la *Ch'wang-tsun inscription* par « a vaha of hemp seed » — en tirant un grain tous les cent ans (. . .*puriso vassasatassa vassasatassa accayena ekam ekañ tilam uddhareyya*), désignation nécessairement vague; car, pour avoir le nombre d'années exact, il faudrait savoir combien il y a de grains dans ce « chariot ». Mais, puisque le Buddha n'a pas précisé ce nombre et qu'il a même avoué l'impossibilité de le préciser, nous ne pouvons avoir la prétention de faire ce à quoi il s'est refusé.

Il est vrai que le commentaire a cherché à préciser; car il dit :

*Visatikhârikoti* mâghadhikena patthena cattâro patthâ kosalaraṭṭhe ekapatho hoti | tena paṭṭhena cattâro patthâ âḷhakaṁ | cattâri âḷhakâni doṇaṁ | caturo doṇâ mânikâ | catumânikâ khâri tâya khâriyâ visatikhâriko ||

Ce qui signifie : « Quatre patthas de Magadha font un pattha dans le royaume de Koçala; quatre de ces patthas font un âḷhaka; quatre âḷhakas font un droṇa; quatre droṇas une manikâ; quatre manikâs une khârî; de cette khârî (se compose le chariot de) vingt khârîs. »

En d'autres termes :

4 patthas de Magadha = 1 pattha de Koçala;
4 patthas (de Koçala) = 1 âḷhaka;
4 âḷhakas = 1 droṇa;
4 droṇas = 1 manikâ;
4 manikâs = 1 khârî.

Par suite : 1 khârî = 4 manikâ = 16 droṇas = 64 âḷhakas = 256 patthas de Koçala = 1,024 patthas (de Magadha); et comme le vâho comprend 20 khârîs, il en résulte qu'il renferme 20,480 patthas (de Magadha). Ce qui nous ramène à cette question : Combien y a-t-il de grains dans un pattha? La mesure étant plus petite, la difficulté devient moins grande. Nous ne chercherons pourtant pas à la lever; nous nous bornerons à constater que le commentaire la restreint sans la résoudre.

Cette durée indéterminée, ou plutôt incomplètement déterminée, est, selon notre texte, vingt fois plus grande dans le deuxième enfer (Nirabbuda), vingt fois plus grande dans le troisième enfer (Ababa) que dans le deuxième, et ainsi de suite; de sorte que les nombres exprimant ces durées de séjour forment une progression géométrique croissante dont la *raison* est 20. C'est ce que dit le *San-fah-to sûtra* de Beal; mais, selon la *Ch'wang-tsun inscription*, la raison est 2. Je ne cherche pas à expliquer cette divergence déjà signalée; il suffit de la rappeler.

Malheureusement les données fournies par notre texte sont inconciliables avec les renseignements qui nous viennent d'autre part sur les noms des dix enfers réputés froids.

### V. — Non-existence des enfers froids.

D'après le commentaire du *Saṁyatta-nikaya*, les dix noms que le texte présente comme de véritables enfers, dont on a fait des enfers glacés, sont simplement des expressions numériques indiquant la durée du séjour que l'on est condamné à faire dans l'Avici. Il s'exprime ainsi :

Ambudo nâma pâṭieko niriyo natthi | Avicimhi niriye pana Ambudagaṇanâya paccitabbaṭṭhânasetaṁ nâmaṁ | Nirambudâdîsu pi eseva nayo | vassagaṇanâpi panettha evaṁ veditabbâ ||

Le mot Abbuda ne désigne pas un enfer particulier; c'est le nom du lieu où l'on doit être tourmenté dans l'enfer Avici pour un temps compté en Abbuda. Il en est de même du Nirabbuda et des autres. Il faut savoir qu'il ne s'agit que d'un compte d'années.

Le commentaire avait dit plus haut à propos de l'enfer Paduma :

*Padumaniriyanti* pāṭieko niriyo nāma natthi | Avīcimahāniriyamha (*sic*) yeva padumagaṇanāya paccitabbe ekasmiñ thāne nibbatti |

« Enfer Paduma » n'est pas le nom d'un enfer spécial ; il (Kokâlika) renaquit dans le grand enfer Avîci, dans un lieu où l'on doit subir des tourments (d'une durée) comptée en Paduma.

En effet, les dix noms de la liste Abbuda-Paduma donnée par le *Sañyutta-nikâya* désignent respectivement des nombres élevés exprimés par l'unité suivie de 56, 63, 70, 77, 84, 91, 98, 112, 119 zéros, le nombre des zéros augmentant chaque fois de sept. Or, comme sept zéros, ajoutés à un nombre, le multiplient par 10 millions, il en résulte que ces nombres expriment les puissances de 10,000,000 depuis la huitième jusqu'à la dix-septième [1]. Et l'on

[1] On peut chercher tous ces noms dans le Dictionnaire de Childers qui en donne la valeur d'après l'*Abhidhânappadîpikâ*. Kaccâyana donne la liste complète de ces noms de nombres élevés. (Voir Senart, *Journal asiatique*, avril-mai 1872, p. 413.) — Il est à noter que deux de ces noms sont déplacés dans la liste du *Sañyutta-nikâya*. Si l'on prend l'autre liste pour règle, le Ahaha (70 zéros), au lieu d'être le cinquième, doit être le troisième, et le Soghandhika (91 zéros) doit être le sixième et non le septième. Si l'on prend le *Sañyutta-nikâya* pour règle, il faut donner quatre-vingt-quatre zéros au Ahaha, quatre-vingt-dix-huit au Soghandhika ; mais alors l'Ababa en a soixante-dix au lieu de soixante-dix-sept, l'Aṭaṭa soixante-dix-sept au lieu de quatre-vingt-quatre, le Kumuda quatre-vingt-onze au lieu de cent deux, l'Uppala cent cinq au lieu de quatre-vingt-dix-huit. Il n'y a plus de concordance entre les deux listes que pour les deux premiers et les deux derniers noms.

peut se demander si le Paduma est bien le dernier de la liste de ces Nirayas; car il y a encore trois noms de nombres supérieurs exprimant les dix-huitième, dix-neuvième et vingtième puissance de 10,000,000, et rendus par l'unité suivie de 126, 133, 140 zéros, savoir le Kathânam, le Mahâ-kathânam, le Asaṅkheyya. Ce dernier terme revient souvent dans les textes.

Même en supposant, entre la liste de dix noms donnée par le *Sañyutta-nikâya* et la liste correspondante des grammairiens et des lexicographes, un accord qui n'existe pas (comme la note ci-dessus le prouve), il reste une différence notable dans la gradation que ces deux listes supposent. Celle du *Sañyutta-nikâya* représente chaque nombre comme égalant vingt fois celui qui le précède; l'autre comme l'égalant dix millions de fois. L'explication du commentaire de notre texte doit être ici reproduite :

Yathevahi satañ [sata] sahassânam Koṭi hoti evañ satañ satasahassakoṭiyo Pakoṭi nâma hoti | satañ satasahassapakoṭiyo Koṭippakoṭi nâma | satañ satasahassakoṭippakoṭiyo Nahutañ | satañ satasahassanahuttâni Ninnahuttañ | satañ satahassaninnahutâni evam Ambudañ | tato visatiguṇañ Nirambudañ | eseva nayo sabbatthâti | [1]

De même qu'un Koṭi vaut dix millions (cent fois cent

[1] Ces extraits du *Sâratthapakâsinî* (commentaire du *Sañyutta-nikâya*) sont pris du n° 622 du fonds pâli de la Bibliothèque nationale, olle *dhe*. La leçon du ms. a été reproduite sans changement.

mille), dix millions de Koṭis font un Prakoṭi; dix millions de Prakoṭis un Koṭiprakoṭi; dix millions de Koṭiprakoṭis un Nahuta; dix millions de Nahutas un Ninnahuta; d'x millions de Ninnahutas un Abbuda; le Nirabbuda vaut vingt Abbudas, et ainsi de suite.

Voilà une incohérence flagrante : du Koti à l'Abbuda, le commentaire suit la progression admise par l'*Abhidhânappadipikâ*, celle dont la raison est 10,000,000 : de l'Abbuda au Paduma, il adopte la progression indiquée par son texte, celle dont la raison est 20. Il est naturel que le commentaire suive son texte; mais il est singulier qu'il mette bout à bout et soude l'un à l'autre deux systèmes numériques absolument différents.

Il y a un autre point à noter : l'Abbuda ne vient pas immédiatement après le Ninnahuta dans les listes de l'*Abhidhânappadipikâ* et de *Kaccâyana;* l'un exprime la cinquième, l'autre la huitième puissance de 10,000,000; il y a deux termes intermédiaires : l'Akkohinî exprimant la sixième puissance (1 suivi de 42 zéros) et le Bindu la septième puissance (1 suivi de 49 zéros). On voit que le système du commentaire de notre texte est très défectueux; il pèche par lacune aussi bien que par incohérence et par désordre.

Quant au texte, il a sa numération à lui, différente de celle de l'*Abhidhânappadipikâ* et de *Kaccâyana.* Je n'essayerai pas de les mettre d'accord.

VI. — Durée du séjour dans tous les enfers.

Il est assez étrange de voir la durée la plus courte des séjours infernaux (Abbuda) exprimée par un nombre tel que 1 suivi de 56 zéros. Mais puisque la liste qui commence par Abbuda n'est que la continuation d'une autre liste contenant huit noms et commençant par Sañjîva, il semble légitime d'appliquer à chacun des noms de cette liste initiale les nombres inférieurs à 1 suivi de 56 zéros, en retranchant chaque fois sept zéros à mesure que l'on remonte dans la série. Or, le résultat n'est pas satisfaisant; car on se trouve arrêté au deuxième enfer, le Kâlasûtra, et il ne reste rien pour le premier, Sañjîva. Toutefois, le commentaire, qui semble lui-même nous inviter à appliquer aux enfers chauds les noms de nombre inférieurs à Arbuda, nous fournit un moyen de rectification, en disant que Arbuda et Padma désignent l'un comme l'autre le séjour dans le *huitième enfer*, l'Avîci. Et cela est parfaitement justifié. Kokâlika a commis un crime qui ne s'expie que dans l'Avîci. Il a pensé mal de deux auditeurs du Buddha, deux Arhats, et quels auditeurs! Quels Arhats! Les deux principaux disciples, celui de la droite et celui de la gauche, Çâriputra et Maudgalyâyana. Puis donc que l'Arbuda, la huitième puissance de 10 millions, désigne le séjour dans le huitième enfer, les sept premières puissances de ce nombre doivent désigner respectivement les durées de séjour des sept premiers enfers, et nous pouvons dresser le tableau suivant :

| NOMS DES ENFERS. | DURÉES DE SÉJOUR. |
|---|---|
| 1. Sañjîva....... | koṭi 10,000,000 (7 zéros). |
| 2. Kâlasûtra..... | pakoṭi 10,000,000[2] (14 zéros). |
| 3. Sanghâta...... | koṭippakoṭi 10,000,000[3] (21 zéros). |
| 4. Raurava...... | nahuta 10,000,000[4] (28 zéros). |
| 5. Mahâ-Raurava.. | ninnahuta 10,000,000[5] (35 zéros). |
| 6. Tapana....... | akkhohinî 10,000,000[6] (42 zéros). |
| 7. Pratâpana..... | bindu 10,000,000[7] (49 zéros). |
| 8. Avîci 1°....... | abbuda 10,000,000[8] (56 zéros). |
| 9. —— 2°....... | nirabbuda 10,000,000[9] (63 zéros). |
| 10-15. ——....... | ............................ |
| 16. —— 9°...... | puṇḍarika 10,000,000[16] (112 zéros). |
| 17. —— 10°..... | paduma 10,000,000[17] (119 zéros). |

Ce tableau se déduit logiquement des données fournies tant par les textes que par les commentaires. Mais rien ne prouve qu'il soit exact. Il y a même grande apparence qu'il ne l'est pas, précisément parce qu'il est logique. A cette progression des durées devrait correspondre une progression bien déterminée de supplices et de crimes que nous n'avons pu établir, surtout pour les crimes. Nous avons noté précédemment des variations et des incohérences dans l'attribution des enfers aux différents crimes; nous venons d'en noter relativement aux durées de séjour. Il ne paraît guère possible de mettre d'accord ces autorités contradictoires; nous ne pouvons guère faire autre chose que noter leurs divergences.

Aussi résumerons-nous les renseignements divers que Beal nous donne d'après les livres chinois.

VII. — Diverses supputations des durées de séjour.

D'après l'*Abhidharma-çâstra*, la durée est de cinq cents ans dans le Sañjîva, de mille ans dans le Kâla-sûtra. C'est une progression dont la *raison* est 2 ; il en résulte que la durée est de seize mille ans dans le Tapana, d'un demi-kalpa dans le Pratâpana, d'un kalpa entier (évalué à soixante-quatre mille ans) dans l'Avîci[1]. C'est du reste une notion couramment admise et quasi-populaire que l'on passe un kalpa dans l'Avîci. C'est ce qui arrive, d'après l'*Avadâna-Çataka*, à Lekuñcika, pour avoir laissé sa mère mourir de faim; seulement le Ratna-avadâna-mâla lui octroie un second séjour d'un kalpa pour avoir renversé et foulé aux pieds le vase plein d'un Pratyekabuddha réduit ainsi à jeûner.

Le *Koṣa-çâstra* adopte la progression et les nombres du texte précédent, en appliquant ce nombre à des années divines auxquelles il égale un jour et une nuit de chaque enfer, le jour et la nuit du Sañjîva représentant cinq cents années du ciel des Caturmahârâjâs, et ceux du Tapana seize mille années du ciel des Nirmânaratis[2].

[1] *Catena*, p. 58.

[2] *Catena*, p. 58. Ce système combiné avec le précédent (ils n'en forment sans doute qu'un seul) est celui qu'on trouve dans le *Lou-tao-tsi* (recueil relatif aux six conditions), équivalent chinois, très dissemblable, du *Pañca-gati* pâli.

Le *Kiao-liang-cheou-ming* nous offre aussi une progression dont la *raison* est 2, adoptant des chiffres peu éloignés des précédents, mais les appliquant autrement. Ainsi un jour et une nuit égalent 16,200 koṭis d'années humaines dans le Sañjîva; 32,000 koṭis dans le Kâlasûtra; 64,800 koṭis dans le Sanghâta; 129,600 dans le Raurava; 259,200 dans le Mahâ-Raurava; 518,400 dans le Tapana [1]. La citation s'arrête là; mais, si nous continuons la progression, nous trouvons 1,036,800 koṭis pour le Pratâpana, 2,073,600 koṭis pour l'Avîci.

Enfin le *Buddhânusmriti-samâdhi-sûtra* dit qu'un jour et une nuit du Grand-Kalpa passé dans l'Avîci équivalent à 60 petits kalpas humains, et que, pour les transgressions particulièrement graves, le séjour est de 84,000 grands kalpas [2].

Il serait intéressant, il est même nécessaire de rechercher dans les ouvrages sanskrits qui nous restent les textes cités par Beal d'après les traductions chinoises. Ce contrôle utile, soit qu'il confirme de tous points la traduction de Beal, soit qu'il amène quelques rectifications, n'aura pas vraisemblablement pour effet d'éclaircir la question et de mettre les différents auteurs d'accord. Il tendra sans doute à justifier cette conclusion de Beal : « Nous pouvons donc dire raisonnablement de l'Avîci que c'est l'enfer dont on ne peut pas être délivré. » La proposition, prise à la lettre, n'est pas admissible; l'exemple de

[1] *Catena*, p. 58-59.
[2] *Catena*, p. 63.

Lekuñcika que je citais tout à l'heure le prouve. D'ailleurs le principe bouddhique de l'impermanence absolue de toutes choses y est tout à fait contraire. Mais si les écrivains bouddhistes admettent qu'on peut et qu'on doit sortir de l'Avîci, ils se sont ingéniés pour rendre aussi long que possible le séjour des coupables qui y sont précipités et lui donner une durée pour ainsi dire éternelle[1].

VIII. — Les divisions de l'enfer et des petits enfers.

Que deviennent, dans le système des enfers froids, les petits enfers?

Les seize petits enfers décrits par Landresse sont donnés par Beal comme des dépendances des huit enfers chauds. Ils sont eux-mêmes chauds ou brûlants, sauf le dernier, le seizième (Han-ping), qui est bien clairement désigné comme glacé par Beal aussi bien que par Landresse. Ce seizième petit enfer est-il la transition entre la région des enfers chauds et celle des enfers froids? On serait tenté de le croire; seulement on ne voit pas quelles dépendances donner aux enfers froids. Car ces dépendances ne peuvent pas être les quinze petits enfers chauds; et, d'un autre côté, on ne désigne aucun petit enfer de leur nature pouvant leur servir de déversoir; car le seizième petit enfer, quoique froid et glacé, appartient topographiquement au régime

[1] Dans la phrase citée, Beal fait allusion à un des noms chinois de l'Avîci, *wou kieou* «point de délivrance ou de secours».

des enfers chauds. Faut-il donc conclure ainsi : la région infernale comprend huit grands enfers brûlants, ayant pour dépendances seize petits enfers dont quinze chauds et le seizième froid, plus huit enfers glacés sans dépendances connues? Non, car la *Ch'wang-tsun inscription* nous dit que l'Avata, le Niravata et les huit autres enfers ont chacun cent mille petits enfers qui en sont des dépendances [1].

Ces cent mille petits enfers répétés dix fois et, par conséquent, portés à 1 million, ne nous empêchent pas de trouver dans la balance des enfers chauds grands et petits et des enfers froids de Landresse un défaut d'équilibre qui semble favoriser l'opinion que les noms des dix enfers réputés froids doivent être pris, comme le veulent les traités méridionaux, pour des termes exprimant des durées de séjour et peut-être des compartiments distincts de l'enfer Avîci.

En effet, le commentaire du *Sañyutta-Nikâya* semble insinuer qu'il y a des lieux différents dans l'Avîci. Les textes chinois le disent plus explicitement et d'une autre manière. Le *Ti-tsang king* distingue l'Aparâvîci et le Mahâvîci (Grand Avîci). D'après le *Tching-shih-lan* (Satya-siddha-vyâkarana-Çâstra), il y a cinq Avîci : 1° celui de la rétribution immédiate, où l'on naît immédiatement après la mort; 2° celui de l'affliction, où l'on subit une misère extrême; 3° le temporaire, où les tourments

[1] *Catena*, p. 64-65.

durent un kalpa; 4° celui de la durée de la vie, où la souffrance ne cesse jamais; 5° celui de la forme, constamment rempli de formes humaines [1]. Mais d'autres textes nous disent que, après avoir terminé son séjour dans l'Avîci, il faut encore souffrir « dans d'autres enfers, à travers les mondes de l'espace »; qu'il y a six autres enfers aux quatre côtés de l'Avîci (vingt-quatre en tout), plus vingt-deux autres enfers de défi(?) [2] et d'autres encore au nombre de cent mille. Nous nous bornons à citer ces extravagances.

## IX. — Conclusion.

Il n'est pas plus facile de faire accorder les textes du Nord et ceux du Sud respectivement entre eux que mutuellement les uns avec les autres. On ne peut que constater leurs divergences inspirées par une même pensée : effrayer les coupables et s'efforcer de les détourner du mal par la perspective des supplices longs, variés et terribles que leurs mauvaises actions doivent leur attirer après leur mort.

Nous résumons les principaux points sur lesquels a porté cette étude.

1. Tous les Bouddhistes sont d'accord pour reconnaître l'existence de huit enfers brûlants.

[1] *Catena*, p. 59-60.
[2] « Calling out hells » (*Catena*, p. 59).

2. Ces huit enfers, dont quelques-uns se dédoublent ou se sectionnent, correspondent à une gradation ascendante dans l'intensité de la peine, la durée du supplice et la criminalité des coupables; mais, sur aucun point, cette gradation n'est présentée d'une manière uniforme, clairement et d'une façon saisissable.

3. Les huit enfers sont entourés d'enfers secondaires, dont le nombre incertain ne doit être ni inférieur à quatre ni supérieur à seize, et dont on ne peut dire avec certitude s'ils sont destinés à une aggravation ou à une diminution de peine, ou s'ils suppléent à l'insuffisance des grands enfers.

4. Outre les huit enfers brûlants, on en compte huit glacés, mais seulement au Nord. Les noms de ces huit enfers glacés ne sont considérés au Sud que comme exprimant les différentes durées de séjours infligées aux coupables dans le huitième enfer, l'Avîci. Ces différentes durées de séjour sont même portées à dix au lieu de huit, et il est permis d'inférer qu'elles peuvent l'être jusqu'à treize.

5. Le nombre des enfers paraît être de trente-deux au plus et de douze au moins; le premier compte s'appliquant à huit enfers chauds, autant d'enfers froids et seize petits enfers; le second à huit enfers chauds et quatre petits enfers. Les supputations qui portent à plus de cent le nombre des enfers semblent être le résultat d'une erreur; celles qui les

comptent par milliers et millions sont des extravagances auxquelles il n'y a pas lieu de s'arrêter. Que si on les compte par centaines, il faut nécessairement admettre plusieurs enfers du même nom, ainsi : 8 *Milha-kûpas*, 8 *Kukkulas*, etc., au Sud; 16 *He-cha*, 16 *Fey-chi*, etc., au Nord.

6. La gradation dans la durée des séjours n'est pas mieux établie que celle de l'intensité des peines et de la criminalité des coupables. Il y a des systèmes différents qu'il est impossible de faire concorder. La durée d'un kalpa, donnée vulgairement pour celle du séjour dans l'Avici, n'a pas la précision qu'elle paraît avoir; car il y a plusieurs kalpas; et l'on ne sait pas au juste si elle correspond à un crime déterminé ou à toute une vie criminelle.

*P. S.* En parlant du *Milha-kûpa* et du *Kukkula* (p. 201), j'ai omis de dire qu'on est puni, dans le premier, pour n'avoir pas complètement observé la moralité (*sîlañ*) après s'y être dévoué; dans le deuxième, pour avoir vécu de tromperie (*micchâjîvena*) même légère; désignations qui tendraient à faire considérer les Ussadas comme destinés à la punition des transgressions de second ordre constamment renouvelées.

## II. — BRAHMANISME.

Les renseignements que les écrits brahmaniques nous fournissent sur les Enfers peuvent se partager en deux classes : 1° *Énumérations des Narakas*, avec ou sans détails sur les crimes pour lesquels on y va et les souffrances qu'on y endure; 2° *Énumérations des coupables*, simples ou accompagnées de la description des châtiments, sans que les noms des enfers soient donnés, sinon par exception et incomplètement. Nous divisons cette étude en deux sections correspondant à ces deux classes de documents.

### I. — Énumérations d'enfers.

Tandis que les Bouddhistes comptent les enfers par 4, 8, 16, 32, les Brahmanes les comptent par 7, 21, 28. Leur base est donc 7, tandis que celle de leurs rivaux est 8. Le total 7 est-il primitif ou a-t-il été obtenu par élimination? Je ne sais. Le total 28 est dû, selon un de nos textes, à l'addition de sept enfers complémentaires ou supplémentaires. Le nombre moyen et ordinaire est 21 ; les « petits enfers » ou Ussadas sont inconnus. Du reste, il est bien entendu que, pour les Brahmanistes comme pour les Bouddhistes, outre les enfers dénommés et dénombrés, il en existe des centaines et des milliers dont on ne sait ni le nombre ni les noms.

Manu, que je considère comme la plus haute autorité du Brahmanisme, dit (IV, 88-90) qu'il y a 21 enfers dont il donne les noms, sans plus. Il ne parle des supplices infernaux et des crimes dont ils sont la punition qu'en termes vagues et généraux. Rappelant, au XIIe livre (çl. 75), les enfers énumérés dans le IVe, il cite le premier et l'avant-dernier, comme s'il n'attachait pas d'importance à l'ordre qu'il leur a donné. C'est par exception que, au livre IV (çl. 197), il désigne les coupables punis dans son deuxième enfer.

Ce silence de Manu offrait aux commentateurs une matière assez riche, trop riche même; car ils se dispensent d'insister. A propos de IV, 88-90, Kulluka-Bhaṭṭa renvoie au Mârkaṇḍeya et aux autres Purâṇas[1]; à propos de XII, 75, il renvoie à IV, 88-90[2]. La question des Enfers est, en effet, traitée avec plus ou moins d'étendue dans les différents Purâṇas. Je ne puis les interroger tous; mais j'emprunterai des renseignements à quelques-uns d'entre eux et traiterai successivement des 7, des 21, des 28 enfers.

[1] Eteṣâṁ narakânâṁ svarupaṁ Mârkaṇḍeya-purâṇâdiṣu vistarenoktaṁ | tatraivâgantavyaṁ ||

[2] Tâmisrâdiṣu caturthâdhyayokteṣu ghoreṣu narakeṣu ||

### I. — Les sept enfers.

*Mârkaṇḍeya-Purâṇa.* — Le Mârkaṇḍeya-Purâṇa, cité au premier rang par le commentateur de Manu, parle assez longuement des enfers, mais d'une façon quelque peu incohérente. Il a l'air de donner des documents puisés à des sources diverses. Aussi aurons-nous à y revenir dans la deuxième section; mais, comme sa douzième lecture, complétée par quelques çlokas de la dixième, nous offre une description de sept enfers dénommés, je vais donner la traduction de ce texte en faisant quelques coupures, à cause de la nécessité d'être bref.

1. Le faux témoin et le menteur vont dans le Raurava. . . . . dont le sol incandescent est brûlé d'une manière aiguë par des charbons ardents. . . . . Le coupable court sur ce sol brûlé par un feu aigu; à chaque pas, son pied est lésé, usé de nouveau. Nuit et jour, il marche posant le pied et le retirant. . . . .

2. Le Mahâ-Raurava. . . . . a un sol en cuivre avec du feu en dessous. . . . .; l'aspect en est terrifiant. . . . . Le coupable. . . . . y roule dévoré par des corbeaux, des grues, des loups, des hiboux, des scorpions, des moucherons, déchiré rapidement dans sa marche par des vautours. Brûlé, tremblant, sans cesse troublé, il crie : « Ah! mon père! ma mère! mon frère! mon ami! » et n'obtient point de repos (*na çântim adhigacchati*).

3. Ensuite vient un autre Naraka nommé Tamas, très froid de sa nature. . . . . enveloppé de ténèbres. Tourmentés par le froid, les hommes errent dans une effrayante obscu-

rité; ils se rencontrent, s'embrassent, se tiennent étroitement unis. Leurs dents se brisent en tremblant par l'effet du froid. La faim, la soif et d'autres calamités prédominent en ce lieu. Un vent terrible, qui porte des flocons de neige, fait éclater les os; et la moelle qui en découle et ruisselle, ces (malheureux) la mangent tourmentés par la faim. Ils errent en se léchant les uns les autres dans les rencontres.....

4. Ensuite vient un autre excellent enfer appelé Nikṛntana (mise en pièces). Dans celui-ci, des roues de potier errent continuellement. On y fait monter les hommes qui sont fendus au moyen d'un «fil noir»[1] (placé entre les) doigts des suivants de Yama; ils sont fendus en deux de la tête aux pieds, et cependant leur vie n'est pas éteinte. Ils sont coupés en cent morceaux, et ces morceaux reviennent à l'unité.....

5. Voici maintenant l'enfer Apratiṣṭha (mobile)..... Là, ce sont les roues, les seaux avec leurs cordes qui sont pour les coupables la cause des souffrances. Quelques hommes qu'on y fait monter sur les roues errent pendant des milliers d'années sans intervalle d'arrêt; tel autre est attaché au seau et à la corde comme le seau dans l'eau. Les hommes errent ainsi vomissant le sang par la bouche à tout instant, tandis que des larmes sont suspendues à leurs yeux.

6. Il y a un autre enfer qui a nom Asipatravana..... Au milieu de ce Naraka paraît une forêt agréable, aux feuilles charmantes, et ces feuilles sont des lames d'épée. Là aboient des douzaines de milliers de chiens pleins de force, avec de grandes gueules, de grandes dents, aussi terribles que des tigres. Apercevant devant eux cette forêt aux frais ombrages, les êtres animés, tourmentés par des souffrances aiguës, s'avancent vers elle. «Ah! ma mère! Ah! mon ami!» crient-ils

[1] Kâlasûtrena. — Cet enfer ne peut être que le *Kâlasûtra*.

dans leur extrême douleur, les deux pieds brûlés par le feu souterrain. Quand ils ont atteint (la forêt), un vent qui secoue les feuilles d'épée se met à souffler, et les épées pleuvent sur eux. Alors ils tombent à terre au milieu des tourbillons accumulés d'un vent brûlant qui lèche le sol et s'empare de tout ce qui s'y trouve sans rien laisser. Et les terribles chiens se hâtent d'arracher de leurs corps les divers membres de ces (malheureux) en pleurs . . . . .

7. Le Taptakumbha (vase chauffé), est plus terrible encore. Les vases chauffés sont de tous les côtés entourés de flammes de feu, remplis de poussière de fer et d'huile mise en ébullition par un amas de feu enflammé. Dans ces vases, les coupables livrés à Yama sont jetés la tête en bas; ils y cuisent troublés par l'eau de la moelle qui coule de leurs membres fracassés. Leurs crânes, leurs yeux, leurs os sont brisés par de terribles vautours qui les enlèvent rapidement, puis les laissent retomber dans ces vases, où, par l'action de l'huile, (leurs débris) reviennent à l'unité dans le vase qui pétille avec leurs têtes, leurs membres, leurs chairs, leur peau, leurs os en fusion. Alors, mis en mouvement avec rapidité au moyen d'une cuiller par les hommes de Yama, ces malheureux coupables sont agités dans la grande huile animée d'un mouvement giratoire.

Quatre de ces enfers (1, 2, 4, 6) correspondent visiblement à des Nirayas ou Ussadas bouddhiques, et la description qu'on en donne se rapproche du Bouddhisme plus que toute autre description brahmanique à moi connue; mais je n'ai pas le temps d'insister sur ce point.

La quatorzième lecture du même Purâṇa, qui trouvera place presque tout entière dans la deuxième partie de ce travail, nous présente, comme par exception, une autre énumération de sept enfers que voici :

L'ingrat, celui qui offense ses amis, qui est animé d'un mauvais esprit, tombe dans le Taptakumbha; de là dans le Peṣaṇa (pilon), de là dans le Karambhabâluka, de là dans le Yantrâvapîḍana (machine à comprimer), ensuite dans l'Asipatravana, puis dans (l'enfer où l'on est fendu) avec la scie (karapatrena pâṭanam), et aussi dans le Kâlasûtra (où) l'on est fendu et l'on subit d'autres tortures.....

Sur ces sept noms, 1, Taptakumbha; 2, Peṣaṇa; 3, Karambhabâluka; 4, Yantrâvapîḍana; 5, Asipatravana; 6, Karapatrena-pâṭanam; 7, Kâlasûtra, il y en a quatre (1, 3, 5, 7) que nous avons déjà rencontrés ou que nous rencontrerons tout à l'heure; parmi les nouveaux, 2 et 4 paraissent avoir entre eux assez d'analogie et ressembler au Sanghâta bouddhique. Quant aux sixième et septième, je ne suis pas bien sûr que ce soient deux enfers distincts : le texte semble substituer un de ces noms à l'autre, comme si Karapatrena-pâṭanam n'était qu'un explicatif de Kâlasûtra. Dans ce cas-là, cette énumération comporterait seulement six enfers.

Il est à noter que ces six ou sept enfers sont destinés aux mêmes coupables qui passent de l'un dans l'autre. C'est là un trait nouveau, l'habitude presque constante étant d'attribuer un enfer spécial à la punition de chaque crime. Les Bouddhistes font, il est vrai, passer leurs criminels par plusieurs lieux de souffrances successifs, mais seulement dans la région des Ussadas ou petits enfers. Or le Brahmanisme ne fait pas cette distinction des grands et des petits enfers. Le cas spécifié dans notre texte est donc une sorte d'exception.

*Padma-Purâṇa.* — Un autre Purâṇa, le Padma, nous donne aussi une énumération de sept enfers. J'ignore quelle est l'autorité de cet ouvrage; je ne la crois pas considérable. Quant aux sept enfers, je ne puis que donner leurs noms d'après Aufrecht[1]. Ce sont : 1° Taptavâluka (sable brûlant) que je n'hésite pas à identifier avec le Kârambhabâluka du Mârkaṇḍeya, et dans lequel je reconnais la plaine traversée par Dhâtustejas ainsi que le premier des petits enfers de Landresse; 2° Andhatâmisra que nous retrouverons plus loin; 3° Krakaca (la scie), probablement le Kâlasûtra sous un autre nom; 4° Argala (verrou ou flot), peut-être le Vaitaraṇî; 5° le Kûṭaçâlmali (cotonnier à haute cime) que nous avons vu parmi les Ussadas bouddhiques et que nous retrouverons; 6° Raktapûya (pus et sang) dont nous verrons l'équivalent probable dans le Pûyoda et le Pûyavaha; 7° le Kumbhîpâka (four à potier) que d'autres textes nous présenteront également.

*Mahâbhârata.* — A la suite de ces renseignements fournis par les Purâṇas, je crois devoir citer ici la visite de Yudhiṣṭhira aux enfers racontée dans le Mahâbhârata. La grande épopée parle souvent des

[1] *Catalogus codicum mss. sanscritorum postvedicorum quotquot in Bibliotheca bodleiana asservantur*, n° 59; I, p. 16, col. 2.

Narakas, mais jamais, du moins à ma connaissance, pour en donner une description complète. Celle même qui se trouve dans l'épisode dont je parle ne peut passer pour telle. Je vais en donner une brève analyse en traduisant les parties essentielles.

L'aîné des fils de Paṇḍu se dirige vers les régions infernales sous la conduite d'un guide que les dieux lui ont donné. Après avoir suivi d'affreux chemins :

Il vit un fleuve rempli d'eaux brûlantes bien difficile à traverser (*sudurgamâ*), — une forêt de lames d'épée (*asipatravana*) couverte de rasoirs affilés, — un sable fin (*karambhabâluka*) très chaud — et des rochers en fer (*âyasî : çilâ :*), — des vases de fer (*lohakumbha*) remplis d'huile bouillante, de toutes parts; — un bois de cotonniers élevés (*kûṭaçâlmalikam*) au toucher pénible, aux épines aiguës; il vit aussi, le fils de Kuntî, les tourments des coupables.....

Comme ce spectacle lui répugne, qu'il veut rebrousser chemin, mais que les cris des damnés le supplient de rester, il envoie son guide prier Çatakratu de venir près de lui. Les dieux obtempèrent à sa demande. Dès qu'ils furent arrivés :

On ne vit plus de supplices des coupables; on n'aperçut plus le fleuve Vaitaraṇî avec le Çâlmali à la haute cime, non plus que les vases de fer et les rochers terribles; un changement se fit dans les corps (des damnés) qui étaient là de tous côtés.....[1].

Cet épisode nous fournit six noms d'enfer dont

[1] Svarga-Parva, çl. 44-45 et 72-73.

quatre nous sont connus et se rencontreront de nouveau. Les deux autres nous sont encore inconnus et ne se reverront pas; ils semblent donc propres au Mahâbhârata; mais ils suggèrent des rapprochements très plausibles. Les « rochers en fer » rappellent les « montagnes comprimées » de Landresse, c'est-à-dire le Sanghâta bouddhique, ainsi que le Peṣaṇa et surtout le Yantrâvapîḍanam de la deuxième liste du Mârkaṇḍeya-Pûraṇa. Quant au Lohakumbha dont le nom est cité par Sp. Hardy comme celui d'un enfer bouddhique[1], nous pouvons, à cause de l'huile bouillante, l'identifier avec le Taptakumbha du Mârkaṇḍeya-P. Il est à noter que le premier et le dernier enfer du premier des deux paragraphes traduits plus haut, Vaitaraṇî et Çâlmali, sont placés à côté l'un de l'autre dans le deuxième. Au sujet du Vaitaraṇî, le Mahâbhârata dit ailleurs (Âdi-P., V, 485-486) que ce fleuve n'est autre que « la Gangâ pure qui, après avoir traversé le ciel parmi les dieux, obtient sur la terre le nom de Alakanandâ, puis, se rendant chez les Pitris, devient cette Gangâ Vaitaraṇî difficile à traverser pour les coupables ». N'y a-t-il pas là un rapprochement avec la version bouddhique qui nous représente le Vaitaraṇî comme formant l'enceinte des enfers avec le bois de cotonniers dont il est bordé?

*Amarakoṣa.* — Enfin je rappelle, en terminant

[1] Voir ci-dessus, p. 27.

ce chapitre, que l'Amarakoṣa donne les noms de six enfers : 1° Tapana; 2° Avîci; 3° Mahâ-Raurava; 4° Raurava; 5° Saṃhâra (ou Saṃghâta); 6° Kâlasûtra, et ajoute un peu plus loin le Vaitaraṇî, qui fait le septième. Tous ces noms sont déjà connus et se retrouveront dans les listes ultérieures.

*Résumé.* — Nous avons donc en tout cinq listes de sept enfers réduits quelquefois à six. Je reproduis ces cinq listes parallèlement :

| | I MÂRKAṆḌEYA-P. | PADMA-P. | MAHÂBHÂRATA. |
|---|---|---|---|
| 1. | Raurava. | Taptavâluka. | Vaitaraṇî. |
| 2. | Mahâ-Raurava. | Andhatâmisra. | Asipatravana. |
| 3. | Tamas. | Krakaca. | Karambhavâluka. |
| 4. | Nikṛntana. | Argala. | Ayasî : çilâ : |
| 5. | Apratiṣṭha. | Kûṭaçâlmali. | Lohakumbha. |
| 6. | Asipatravana. | Raktapûya. | Kûṭaçâlmalika. |
| 7. | Taptakumbha. | Kumbhîpâka. | |

| | II MÂRKAṆḌEYA-P. | AMARAKOṢA. |
|---|---|---|
| 1. | Taptakumbha. | Tapana. |
| 2. | Peṣaṇa. | Avîci. |
| 3. | Karambhabâluka. | Mahâ-Raurava. |
| 4. | Yantrâvapîḍana. | Raurava. |
| 5. | Asipatravana. | Saṅghâta. |
| 6. | Karapatrena pâṭanaṃ (?). | Kâlasûtra. |
| 7. | Kâlasûtra. | Vaitaraṇî. |

## II. — Les vingt et un enfers.

Yâjñavalkya compte vingt et un enfers, comme Manu, et donne, à peu d'exceptions près, les mêmes noms ; quatre seulement diffèrent. La plus grande divergence consiste dans le bouleversement complet de l'ordre adopté par Manu. Deux noms seulement, le premier et l'avant-dernier, occupent le même rang dans les deux listes.

Je connais une troisième liste de vingt et un enfers, celle de l'Agni-Purâṇa, qui n'est que la liste de Manu avec quelques variantes dans les noms, dont deux ou trois seulement ont de l'importance. L'ordre est généralement le même; néanmoins l'Agni-Purâṇa donne aux deux derniers enfers de Manu les n^os 5 et 6, de sorte que tous les noms qui suivent se trouvent reculés de deux rangs.

Je donne parallèlement ces trois listes, prenant celle de Manu pour type et ajoutant à chaque nom des deux autres listes le numéro qu'il a dans la sienne.

| MANU. | AGNI-P. [1]. | YÂJÑÂVALKYA. |
|---|---|---|
| 1. Tâmisra. | Tâmisra (1). | Tâmisra (1). |
| 2. Andhatâmisra. | Mahâ-tâmisra (2). | Lohaçanka (16). |
| 3. Mahâ-Raurava. | Mahâ-Raurava (3). | Mahâniraya. |
| 4. Raurava. | Raurava (4). | Çâlmali (19). |
| 5. Naraka. | Asipatravana (20). | Raurava (4). |
| 6. Kâlasûtra. | Lohabhâvam (21). | Kuḍmala (14). |
| 7. Mahâ-naraka. | Naraka (5). | Pûtimṛttika (15). |
| 8. Sañjîvana. | Kâlasûtra (6). | Kâlasûtraka (6). |
| 9. Mahâvîci. | Mahâ-naraka (7). | Sanghâta (12). |
| 10. Tapanam. | Sañjîvana (8). | Lohitoda. |
| 11. Sampratâpanam. | Mahâvîci (9). | Saviṣa. |
| 12. Saṁhâtam. | Tapanam (10). | Sampratâpana (11). |
| 13. Sakâkola. | Sampratâpanam (11). | Mahânaraka (7). |

[1] D'après le ms. de la Bibliothèque nationale : sanscrit B 13, f° 238.

| | MANU. | AGNI-P. | YÂJÑÂVALKYA. |
|---|---|---|---|
| 14. | Kuḍmalam. | Saṅghâta (12). | Kâkola (13). |
| 15. | Pûtimṛttika. | Sakâkola (13). | Sañjîvana (8). |
| 16. | Lohaçaṁka. | Kuḍmalam? (14). | Mahâpatha (18). |
| 17. | Ṛjîṣa. | Pûtimṛttika (15). | Avîci (19). |
| 18. | Panthâna. | Lohaçamka (16). | Andhatâmisra (2). |
| 19. | Çâlmalinadî. | Ṛjîṣa (17). | Kumbhîpâka. |
| 20. | Asipatravana. | Pradhanaṁ (18). | Asipatravana (20). |
| 21. | Lohadârakaṁ. | Çâlmalinadî (19). | Tapana (10). |

Je n'ai pas le temps d'insister sur les variantes légères. Le Mahâniraya[1] (3) de Yajñavalkya correspond évidemment au Mahâ-Raurava de Manu dont il occupe la place. Les trois autres enfers de Manu, non représentés dans la liste de Yâjñavalkya, savoir : Naraka (5), Ṛjîṣa (17), Lohadâraka (21), y sont remplacés par Lohitoda (10), Savîṣa (11), Kumbhîpâka (19). La ressemblance extérieure de Ṛjîsa (poêle à frire) avec Savîṣa (empoisonné) m'invite à identifier ces deux Narakas malgré la différence de sens des deux termes. J'identifie avec plus d'hésitation Kumbhîpâka et Lohadâraka, et il ne reste plus que Lohitoda (lac de sang) qui correspondrait au terme vague Naraka.

Le Lohabhâvam (6) de l'Agni-Purâṇa est, sans aucun doute, le Lohadârakam de Manu : son Pradhâna (20) est, avec non moins d'évidence, le Panthâna (18) de Manu et le Mahâpatha (16) de Yâjñavalkya. Il est clair que Mahâ-tâmisra (2) est une

[1] Mahâniraya suppose un Niraya qui n'existe pas, tandis que la liste de Manu a Mahânaraka et Naraka.

variante et comme un explicatif de Andha-tâmisra. Je dois ajouter que le nom de Kuḍmala (16) ne se lit pas avec certitude dans le manuscrit de la Bibliothèque nationale.

Il importe de noter que les huit grands enfers du Bouddhisme se retrouvent dans nos trois listes; ils portent, dans celle de Manu, les nos 3, 4, 6, 8, 9, 10, 11, 12; il n'y a pas d'autre variante sérieuse que la substitution par Yâjñavalkya de Mahâniraya à Mahâ-Raurava, déjà notée tout à l'heure. Deux des Ussadas ou petits enfers, Asipatravana et Çâlmali, figurent aussi dans les trois listes. Ainsi les écrits brahmaniques qui tiennent pour les vingt et un enfers s'accordent assez bien, quant aux noms de leurs Narakas, avec les Bouddhistes.

Manu met, dans son deuxième enfer, ceux qui ont les pratiques du héron et la nature du chat (IV, 197), c'est-à-dire les hypocrites; mais comme il n'en dit pas davantage et que les autres textes ne disent rien, ou ne précisent pas suffisamment, je termine ici ce chapitre et passe aux vingt-huit enfers.

### III. — Les vingt-huit enfers.

Deux Purânas, qui doivent compter, je pense, parmi les plus importants, et qui, d'ailleurs, ont été l'objet des travaux de deux illustres indianistes, le Bhâgavata-P. [1] et le Viṣṇu-P. [2], nous fournissent chacun une liste de vingt-huit enfers. Les deux énuméra-

[1] Burnouf, vol. II, p. 505-517.

[2] Wilson, liv. II, chap. VII.

tions, malgré quelques parties communes, diffèrent notablement l'une de l'autre; je commence par les donner parallèlement, ajoutant aux noms du Viṣṇu-P. le numéro des noms correspondants du Bhâgavata :

| BHÂGAVATA-P. | VIṢṆU-P. |
| --- | --- |
| 1. Tàmisra. | Raurava (3). |
| 2. Andhatâmisra. | Sûkara (8). |
| 3. Raurava. | Rodha (16). |
| 4. Mahâ-Raurava. | Tâla. |
| 5. Kumbhîpâka. | Viçâsana (17). |
| 6. Kâlasûtra. | Mahâjvâla. |
| 7. Asipatravana. | Taptakumbha (5). |
| 8. Sûkaramukha. | Lavana. |
| 9. Andhakûpa. | Vimohana. |
| 10. Kṛmibhojâna. | Rudhirândha. |
| 11. Sandañça. | Vaitaraṇî (14). |
| 12. Taptasûrmi. | Kṛmiça. |
| 13. Vajrakaṇṭa-çâlmali. | Kṛmibhojana (10). |
| 14. Vaitaraṇî. | Asipatravana (7). |
| 15. Pûyoda. | Kṛṣṇa. |
| 16. Prâṇarodha. | Lâlâbhaxa. |
| 17. Viçâsana. | Dâruṇa. |
| 18. Lâlâbhaxa. | Pûyavaha (15). |
| 19. Sârameyâdana. | Pâpa. |
| 20. Avìci. | Vahnijvâla. |
| 21. Aya : pâna. | Adha : ciras. |
| 22. Xârakardama. | Sandañça (11). |
| 23. Raxogaṇabhojana. | Kâlasûtra (6). |
| 24. Çûlaprota. | Tamas. |
| 25. Dañdaçûka. | Avîci (20). |
| 26. Avaṭanirodhana. | Çvabhojana (19). |
| 27. Paryâvartana. | Apratiṣṭha. |
| 28. Sûcimukha. | Avìci (Apara-). |

Il n'y a guère, dans ces deux listes, que huit noms identiques; mais, en comptant ceux qui peuvent et doivent être considérés comme synonymes, malgré une différence de forme totale ou partielle (tels que Rodha et Prâna-rodha, Çvabhojana et Sârameyâdana), on en peut identifier quatorze — la moitié.

A la suite de son énumération, le Bhâgavata-P. décrit la peine subie et note le crime puni dans chaque enfer. Le Viṣṇu se borne à désigner les criminels punis, le nom de l'enfer paraissant suffire, sans doute, pour indiquer le genre de supplice; et encore n'est-il pas complet, car il omet le quart de ses enfers, savoir : les n$^{os}$ 17, 19, 23, 24, 25, 27, 28. Il ne nous ferait donc connaître que les coupables de vingt et un enfers, s'il n'ajoutait, dans son explication, deux noms qui ne sont pas dans sa liste, le Vedhaka et le Taptaloha; ce qui porterait à trente le nombre total de ses Narakas.

Mais il se trouve, d'autre part, que la liste renferme deux noms douteux : Dâruṇa « le terrible » (17) et Kṛṣṇa « le noir » (15). Wilson se demande si Dâruṇa ne serait pas une simple épithète de Lâlâbhaxa; quant à Kṛṣṇa, quatre de ses manuscrits sur sept offrent la leçon Kṛṣṇa-sûtra [1], et un de ses commentaires l'identifie avec le Kâlasûtra, dont Kṛṣṇasûtra pourrait être considéré comme un explicatif, *Kâla* ayant la double signification de « noir » et de « temps ». Faut-il donc supposer qu'il y aurait deux Kâlasûtra comme il y a deux Avìci? Nous ne le pensons pas; car, s'il en était ainsi, le texte le

[1] Le ms. de la Bibliothèque nationale : sanscrit B 13 (f° 102) a simplement Kṛṣṇa.

dirait. Remarquons d'ailleurs que l'énumération du Viṣṇu-Purâna présente d'autres termes qui pourraient être considérés comme synonymes : tels sont Kṛmibhojana et Kṛmiça, Mahajvâla et Vahnijvâla. Mais, alors, Kṛṣṇa devrait-il être pris pour une épithète, comme Wilson le conjecture de Dâruṇa? Je ne le crois pas davantage, aussi bien pour Kṛṣṇa que pour Dâruṇa; car il y a d'autres termes dont on en pourrait dire autant : Pâpa « le mauvais », par exemple. Il me paraît donc préférable de voir dans ces deux termes Dâruṇa et Kṛṣṇa les noms de deux enfers distincts, mais en les identifiant avec les noms nouveaux Vedhaka et Taptaloha. Vedhaka, je suppose, serait le « terrible » et Taptaloha le « noir ».

Rapprochant maintenant la liste du Bhâgavata-P. de celle de Manu, je ne trouve que dix noms communs (les n$^{os}$ 1-4, 6, 7, 13, 14, 20), à la condition de dédoubler le n° 19 de Manu et d'identifier le Pûtimṛttika d'une des listes avec le Pûyoda de l'autre, ces deux termes ayant précisément le même numéro : 15. La comparaison avec le Viṣṇu-P. donne un résultat moins satisfaisant : je ne trouve que sept noms qui soient communs (les n$^{os}$ 1, 11, 14, 18, 23, 25, 28), en comptant le 2$^{e}$ Avîci, le Vaitaraṇî identifié avec Çâlmali-nadî et le Pûyavaha identifié avec Pûyoda et Pûtimṛttika. Comparant maintenant les listes de ces deux Purâṇas avec les listes de sept enfers, je note que le Tamas, l'Apratiṣṭha et le Taptakumbha du Mârkaṇḍeya-P. se retrouvent dans le Viṣṇu-P. et le Kumbhîpâka du Padma-P. dans le Bhâgavata;

que le Raktapûya du Padma-P. doit correspondre à Pûtimṛttika, Pûyoda et Pûyavaha des différentes listes, que l'Asipatravana ne manque que dans la liste du Padma-P., le Çâlmali dans celle du Mârkaṇḍeya, le Mahâ-Raurava dans celle du Viṣṇu, enfin que l'Andhatâmisra ne se trouve que dans Manu, le Padma et le Bhâgavata. Je ne pousse pas plus loin ces rapprochements et je passe à la comparaison avec le Bouddhisme.

Quatre de ses huit grands enfers (brûlants) et deux de ses quatre Ussadas sont représentés dans le Bhâgavata. Ce sont : les deux Raurava, le Kâlasûtra, l'Avîci, avec l'Asipâtravana et le Vaitaraṇî, celui-ci augmenté du Çâlmali, qui est une annexe importante. Le Viṣṇu-P. est sensiblement d'accord, sur ce point, avec le Bhâgavata; il ne parle pas du Çâlmali et retranche un des deux Raurava (le Grand); en revanche, il nous donne un deuxième Avîci. Malheureusement ses deux Avîci et son Kâlasûtra sont relégués dans la dernière section de sa liste, qui, si nous en croyons le Bhâgavata, ne contiendrait que des enfers supplémentaires; et, ce qui est plus grave, il ne donne aucun détail sur ces deux enfers non plus que sur le Vaitaraṇî, de sorte que les coupables punis dans le Raurava et l'Asipatravana sont les seuls qu'il nous fasse connaître.

Je voudrais maintenant essayer de comparer les enfers des différents systèmes au triple point de vue des crimes punis, des punitions infligées et des noms donnés aux Narakas.



IMPRIMERIE NATIONALE.

Nous avons dit que Manu met les hypocrites dans son Andhatâmisra; le Bhâgavata met dans le sien ceux qui volent le bien et la femme d'autrui par fraude. Ce rapprochement, le seul que nous puissions faire, ne donne pas l'idée d'un grand accord entre ces deux autorités. Comparons maintenant le Bhâgavata et le Viṣṇu-P. Dans son Viçâsana (dépécement), le Bhâgavata met ceux qui font des sacrifices hypocrites; le Viṣṇu envoie dans le sien les fabricants de lances, épées et autres armes (excepté les fabricants de flèches pour lesquels il a le Vedhaka). Je pourrais citer d'autres exemples prouvant qu'il n'y a pas plus d'accord entre ces deux autorités qu'entre les deux précédentes. Mais ce serait trop long, et je m'attacherai à ceux des enfers qui correspondent à des Nirayas bouddhiques.

Dans le Raurava, le Viṣṇu-P. (d'accord avec le Mârkaṇḍeya) met le faux témoin et le menteur; le Bhâgavata y met l'égoïste qui ne songe qu'à sa famille, réservant le Mahâ-Raurava pour l'égoïste qui ne songe qu'à sa propre personne. Donc point d'accord sur ce point entre les deux autorités. Le Bhâgavata ajoute que, dans ces deux enfers, les damnés sont tourmentés par des Rurus, monstres plus cruels que le serpent. On a supposé, avec vraisemblance, que ces monstres ont été imaginés pour expliquer le mot Raurava; car Ruru est le nom d'une espèce d'antilope inoffensive dans laquelle on trouverait difficilement l'étoffe d'un bourreau d'enfer. L'étymologie bouddhique, qui fait dériver Raurava de la racine *Ru* « gémir, crier », est plus simple et plus naturelle; elle semble appuyée par le Mârkaṇḍeya-P.[1].

Le Bhâgavata met dans son Avîci les coupables que le Viṣṇu met dans son Raurava — les faux témoins. Ces malheureux sont précipités d'une grande hauteur sur un sol pierreux, uni et luisant, semblable à une eau « sans vague » (*avîci*), où leur corps, réduit en poussière par la chute, se reforme aussitôt pour être précipité de nouveau et ainsi de suite indéfiniment. Le mot *vîci* a deux sens, celui de « vague » et celui de « repos ». Les Brahmanistes ont adopté une de ces significations, les Bouddhistes l'autre.

Dans le Kâlasûtra, nom que Burnouf traduit « corde du temps », les parricides, les meurtriers de Brahmanes, ceux qui abusent du Veda, errent tourmentés par la faim et la soif, prennent toutes les positions dans une course effrénée sur un sol brûlant, selon le Bhâgavata. La différence avec le Bouddhisme est complète; mais le supplice a de l'analogie avec celui que le Mârkaṇḍeya décrit à propos de son Raurava, tandis que celui de son Nikṛntana se confond avec les tourments du Kâlasûtra bouddhique.

Presque tous nos textes sont d'accord pour admettre et décrire l'Asipatravana; mais ils se divisent sur la nature des coupables qui y sont punis. Le Pañcagati y met plus spécialement celui qui a

[1] Voir Lucien Scherman, *Materialien zur Geschichte der indischen Visionslitteratur*, p. 6 et 33.

trahi la confiance; le Bhâgavata l'hérétique (pâsaṇḍa). Le Viṣṇu y envoie celui qui coupe sans nécessité du bois dans la forêt. Voilà un supplice bien approprié, mais pour quelle faute légère! Et quelle sympathie pour les arbres!

Le Taptasûrmi du Bhâgavata, où l'adultère est fouetté et embrassé par une statue en métal brûlant d'homme ou de femme (selon le sexe), correspond, bien qu'imparfaitement, à la région de l'Asipatravana où le Pañcagati fait embrasser le ravisseur des femmes d'autrui par des femmes gigantesques, enflammées, à dents de fer. Quant aux adultères proprement dits, le Pañcagati les met dans le Çâlmali que le Viṣṇu ne cite pas, mais que le Bhâgavata, lui donnant des épines de diamant, réserve à ceux qui ont eu commerce avec toutes sortes d'êtres. Manu, en faisant du Çâlmali un fleuve, se rapproche des Bouddhistes qui mettent le bois de cotonniers sur les bords ou dans une île du Vetaranî. Le Bhâgavata semble s'en rapprocher aussi en mettant le Çâlmali et le Vaitaraṇî l'un près de l'autre, quoique certains traits tendent à prouver que la place donnée aux différents enfers n'a pas grande signification. Ainsi, sans aller plus loin, le Bhâgavata dit nettement que le Vaitaranî forme un fossé de ceinture autour des Narakas[1]; il devrait donc le placer en tête ou à la fin de sa liste; il le place au milieu.

Dans ce Vaitaranî, qui roule des immondices, et

[1] Narakaparikhâ bhûtâ

non le cuivre liquide du Pañcagati, le Bhâgavata fait dévorer par les poissons les rois ou les hommes au pouvoir qui ont fait servir leur puissance à la protection de l'hérésie; le Viṣṇu y met les destructeurs de ruches et les pilleurs de hameaux, genre de coupables que le Bhâgavata-P. fait punir dans son Sârameyâdana, tandis que l'enfer correspondant du Viṣṇu, le Çvabhojana, est pour l'étudiant qui dort le jour et pour l'homme mûr qui reçoit instruction de ses enfants. Ces quelques détails suffisent pour montrer combien chaque auteur suit sa fantaisie, ou peut-être la tradition d'une école particulière, en distribuant les coupables dans les différents enfers.

Le Viṣṇu-P. ne donne aucun détail sur son Tamas; mais le Mârkaṇḍeya, en faisant du sien un enfer glacé, se rencontre avec les Bouddhistes du Nord dont le dernier petit enfer est également glacé, quoique en dehors des enfers froids proprement dits. Je note aussi que l'Adha : ciras du Viṣṇu-P. se rapproche du Xârakardama (22) du Bhâgavata-P., où l'orgueilleux est précipité la tête en bas, et surtout d'un Niraya bouddhique non cité dans le Pañcagati, mais où un Jâtaka, le 522$^e$, nous montre les coupables placés la tête en l'air, les pieds en haut, en lui donnant le nom de Sattìsûla (lame de couteau[1]).

Je ne veux pas finir ce chapitre sans faire remar-

[1] Voir *Journ. as.*, fév.-mars 1888, p. 127. (*Sûtra d'Upali*, p. 57).

quer que le 28e enfer du Bhâgavata-P., le Sûcimukha « bouche (en trou) d'aiguille »[1], où le riche fier et avare est puni par une corde qu'on lui passe au travers du corps (comme un fil dans le trou d'une aiguille), correspond visiblement au Pretaloka des Bouddhistes. Je n'avais pas parlé de ce Pretaloka, quoique les Pretas soient de vrais morts et de vrais damnés, parce que le Bouddhisme en fait un monde à part, distinct de celui des Narakas et des damnés proprement dits. Cela tient sans doute à ce que, en dépit de la région spéciale qui leur est assignée, ils sont habituellement représentés comme résidant parmi les vivants, à l'écart, mais à proximité des habitations. C'est peut-être aussi pour cette raison que le Bhâgavata met, inconsciemment sans doute, cet enfer au dernier rang des enfers supplémentaires. Mais nous aurons à revenir sur le Sûcimukha.

Je passe maintenant à la deuxième section de cette étude : les énumérations de coupables.

## II. — Énumérations de coupables.

Parmi les textes qui nous donnent des énumérations de coupables, les uns y ajoutent la description des châtiments et quelquefois des noms d'enfers; les autres se bornent à la simple énumération des crimes. Nous parlerons d'abord des premiers.

[1] Burnouf traduit : « tête d'aiguille ».

## I. — Les trente-quatre catégories de supplices du Mârkaṇḍeya-Purâna.

Comme nous l'avons déjà annoncé, le Mârkaṇḍeya-Purâna nous donne dans sa xivᵉ lecture (du çloka 39 au çloka 92) une longue description que je traduis ici malgré son étendue. J'ajouterai en italiques les noms des enfers visiblement indiqués par le texte, rejetant dans des notes les explications qui paraîtraient nécessaires, mais que je restreindrai le plus possible[1]. Je numérote les supplices, non les çlokas :

1. Les hommes bas qui ont regardé d'un œil pervers le épouses d'autrui ou le bien d'autrui, avec de mauvaises intentions, en les convoitant, des oiseaux à bec de fer leur arrachent les deux yeux qui renaissent chaque fois; autant il y a eu de clignements d'yeux faits par ces hommes avec péché, autant de milliers d'années durant, ils éprouveront le supplice des yeux. — 2. Ceux qui enseignent de fausses doctrines ou qui emploient des formules magiques, même pour détruire les vues fausses de leurs adversaires, ceux qui falsifient l'enseignement ou profèrent des paroles fausses, blâment leurs gurus et d'autres encore (savoir :) les Dvijas, les dieux, le Véda — leurs langues sont arrachées, pour renaître sans cesse, pendant autant d'années (qu'ils ont péché de fois), par les terribles oiseaux à bec de diamant.

3. Ceux qui divisent les amis, le père d'avec son fils et son entourage, le disciple et le maître, la mère et son fils vivant avec elle, l'épouse et l'époux, tous les hommes bas

[1] La *Bibliotheca indica* publie en ce moment une traduction anglaise du Mârkaṇḍeya-Purâna qui a pour auteur M. Pargiter. Je la citerai quelquefois.

auteurs de ces divisions sont fendus par la scie (pâṭyante karapatrena = *Kâlasûtra* [1]).

4. Ceux qui causent du chagrin aux autres, empêchent leur joie, les privent de l'éventail, du vent, du sandal, du parfum, les hommes bas qui causent aux hommes inoffensifs un chagrin mortel sont placés dans le « sable fin » où ils ont un mauvais partage (*Karambhabâluka* [2]). — 5. Celui qui, invité par l'un, mange le çrâddha d'un autre, (qu'il s'agisse) des dieux ou des Pitris, est déchiré en deux par des oiseaux. — 6. Celui qui, par de mauvaises paroles, cause la mort (ou met le désespoir dans l'âme [3]) des bons, est frappé par des oiseaux que rien n'arrête. — 7. Celui qui fait le mal, parlant d'une façon, pensant d'une autre, a la langue coupée en deux par des rasoirs affilés. — 8. Ceux qui s'élèvent en méprisant leurs père, mère et guru sont plongés la « tête en bas » dans un trou (garte) plein d'urine, d'excréments et de pus (*Adha : çira :*; — *Taptakumbha, Milha-kûpa?*).

9. Ceux qui mangent avant que les dieux, leurs hôtes, leurs serviteurs, les nouveaux arrivants aient mangé, aussi bien que les Pitris et Agni, n'ont pour nourriture qu'une décoction de pus; ils naissent avec une bouche comme un « trou d'aiguille » et un corps comme une montagne [2] (*Sûcimukha*). — 10. Ceux qui font manger ensemble un brahmane et un homme d'une autre caste, qui n'est pas son égal, se nourrissent d'excréments. — 11. Ceux qui prennent leur repas sans se soucier d'un homme de leur caravane, pauvre

[1] Ce passage semble confirmer l'identification proposée ci-dessus, p. 54.

[2] *Marmâni nikṛntati.* Pargiter : « lacerates the vitals ».

[3] *Sûcimukhâs tu te jâyante girivarṣmâna ;* c'est la description ordinaire des Pretas bouddhiques; Pargiter traduit : « They become Sûcimukha birds, as large as mountains », et ajoute une note relative à l'espèce de volatile désigné par Sûcimukha (p. 80). — Je reviendrai sur cette question.

ou riche, parti en avant, sont mangeurs de phlegme. — 11. Les impurs qui ont touché une vache, un brahmane ou Agni, ont les mains appliquées sur des vases de feu (agnikumbheṣu) dont la flamme les lèche (*Taptakumbha?*[1]). — 12. Les impurs qui ont jeté sur le soleil, la lune et les étoiles, des regards amoureux, ont sur les yeux un feu (vahni) mis par les serviteurs de Yama et qui s'y alimente (*Vahnijvâla*). — 13. Les hommes qui ont touché du pied des vaches, Agni, leur mère, un brahmane, leur frère aîné, leur père, leur sœur, leurs belles-filles, des gurus, des vieillards, ont les pieds retenus par des chaînes de fer chauffées au feu et se tiennent brûlés dans un tas de charbon jusqu'au genou. — 14. Les méchants qui ont mangé le pâyasa, le kṛçara, le bouc, les mets des dieux sans les avoir consacrés, sont renversés sur le sol, et leurs yeux, qu'ils les lèvent ou les baissent, sont arrachés avec des pinces (sandaṃçai:) par les gens de Yama (*Sandaṃça*[2]).

15. Les hommes qui entendent blâmer les gurus, les dieux, les dvijas, les Védas, et y prennent plaisir, les gens de Yama font sans cesse entrer dans les oreilles de ces méchants, malgré leurs lamentations, des dards en fer de la couleur du feu.

16. Ceux qui ont brisé une fontaine, la demeure d'un Dvija, les édifices sacrés, les temples des dieux, et ont ruiné entièrement ces belles (constructions) sous l'empire de la colère et de la cupidité, se plaignent sans cesse pendant que les gens de Yama excessivement terribles, avec des instruments pointus, leur arrachent la peau du corps. — 17. Ceux qui souillent d'urine le chemin du soleil, d'un brahmane ou d'une vache, des corneilles leur arrachent les entrailles par

[1] *Agnikumbha* me paraît être un synonyme de *Taptakumbha*.

[2] Dans le Sandaṃça, le Bhâgavata met ceux qui volent des choses précieuses sans nécessité, le Viṣṇu les violateurs de leurs vœux, ceux qui rompent la règle de leur ordre.

le fondement. — 18. Celui qui, ayant accordé sa fille à quelqu'un, la donne à un autre, celui-là, coupé en plusieurs morceaux, est entraîné par le fleuve (de liquide) corrosif (ou salé) » (Xâranadî [1]). — 19. L'homme qui ne s'inquiète que de sa propre nourriture, sans souci de ses enfants, de ses serviteurs, de sa femme et de toute sa famille, est un affamé; les serviteurs de Yama enlèvent, pour la lui mettre dans la bouche, sa propre chair qu'il mange, poussé par la faim. — 20. Celui qui, par cupidité, abandonne ceux qui se sont réfugiés près de lui et vivent dans sa dépendance, est tourmenté par les instruments de torture (yantrapîḍâbhi : pîḍyate) des serviteurs de Yama (*Yantrâvapîḍana*). — 21. Les hommes qui donnent pour bien fait ce qu'ils ont fait [2] leur vie durant sont broyés, écrasés par des rochers (*ḍyasî* : *çilâ* :, ou *Sanghâta?*). — 22. Ceux qui enlèvent un dépôt, liés de forts liens dans tous leurs membres, sont dévorés nuit et jour par des insectes, des scorpions, des corbeaux.

23. Ils sont exténués par la faim; leur langue et leur palais se dessèchent (?) [3]; ils sont harcelés par des sensations (douloureuses), les méchants qui ont commerce avec des femmes pendant le jour et jouissent des épouses d'autrui. On les fait aussi monter sur un çâlmali dont les longues épines en fer fendent leurs membres, et ils sont troublés par l'abondance du sang qui en coule (*Çâlmali*). — 24. Ils périssent dans des mortiers, (broyés) par les suivants de Yama, ceux qui arrosent les femmes d'autrui [4].

[1] S'agit-il ici du Vaitaraṇî ou de l'enfer appelé *Xârakardama* (limon salé) par le Bhâgavata-P.?

[2] Sukṛtaṁ ye prayacchanti... kṛtaṁ. Pargiter : « Men who check good deeds... ».

[3] *Tṛpatat*. Pargiter : « Tongues dropping from the palates by reason of thirst ».

[4] Voilà trois châtiments et deux Narakas, peut-être trois, pour un même crime; car il est difficile de distinguer entre les désignations des crimes punis.

25. Celui qui, se débarrassant de son précepteur, entreprend (seul) avec assurance une lecture ou choisit un métier, porte sur la tête une pierre[1] qui le rend misérable en le tourmentant sur le chemin de la foule (janamârge)[2]; il est exténué par la faim, et, nuit et jour, ce poids le tourmente et accable sa tête. — 26. Ceux qui ont répandu dans l'eau leur urine, leur phlegme, leurs excréments, vont dans un Naraka exhalant la mauvaise odeur du phlegme, des excréments, de l'urine. — 27. Ils se mangent la chair les uns les autres, poussés par la faim, ceux qui jadis n'ont pas mangé en commun, violant la loi de l'hospitalité. — 28. Ceux qui ont rejeté les Védas et négligé l'entretien des flammes d'Agni sont précipités sans cesse du sommet d'un rocher (*Avîci*). — 29. Les hommes qui, jusque dans leur extrême vieillesse, épousent une (jeune) veuve sont réduits à l'état de ver et mangés par des fourmis. — 30. Pour avoir reçu un présent d'un homme déchu (de sa caste), avoir sacrifié (pour lui), l'avoir fréquenté habituellement, l'homme est sans cesse renfermé dans une pierre, à l'état d'insecte.

31. Celui qui, pendant que la troupe de ses serviteurs, ses amis, son hôte le regardaient, s'est régalé de douceurs, mange un amas de charbons enflammés. — 32. Des loups effrayants dévorent incessamment le dos de celui qui a mangé la chair du dos du monde[3]. — 33. Il erre aveugle, sourd, muet, troublé par la faim, celui qui n'est pas reconnaissant, le dernier des hommes qui ont reçu des bienfaits. L'ingrat celui qui offense ses amis, etc...[4].

33. Les brahmanes réunis pour un Çraddha, qui s'élèvent

[1] C'est le supplice de Maitrakanyaka (Avadâna-Çataka, V, 6).

[2] Est-ce le nom d'un enfer? Pargiter traduit : «In the public way».

[3] C'est apparemment «l'enfer aux loups», *tchai-lang-ti-yo*, de Landresse.

[4] Ici se place le passage détaché et traduit plus haut, p. 54. Il me fait l'effet d'une interpolation.

les uns contre les autres, boivent, les pervers, l'écume qui sort de tous leurs membres. — 34. Les voleurs d'or, le meurtrier d'un brahmane, le buveur de liqueurs enivrantes, celui qui va dans le lit de son guru, sont constamment plongés de la tête aux pieds dans un feu allumé.

Les enfers indiqués plus ou moins clairement dans ces 34 articles sont donc au nombre de douze. Ce sont : 1° Karapatrena pâṭanam ou Kâlasûtra (3); 2° Karambabâluka (4); 3° Adha : çiras (8); 4° Sûcimukha (9); 5° Taptakumbha ou Agnikumbha (11); 6° Vahnijvâla (12); 7° Sandaṃça (14); 8° Xâranadî (18); 9° Yantrâvapîḍana (20); 10° Ayacî : çilâ ou Sanghâta (21); 11° Çâlmali (23); 12° Avîci (28).

J'aurais pu tenter d'autres identifications; je me borne à celles-ci et je crois pouvoir me dispenser de les justifier. Cependant je ne puis éviter de dire quelques mots sur le Sûcimukha. On a vu plus haut l'explication du Bhâgavata-P.; elle est vraiment bizarre. Celle des Bouddhistes l'est aussi, sans doute, mais elle est bien préférable; leurs Pretas sont des égoïstes et des avares, punis, pour avoir refusé l'aumône, par une faim et une soif incessantes qui ne peuvent être apaisées; car ils n'ont qu'une bouche large comme le trou d'une aiguille pour remplir un ventre gros comme une montagne. Le Markaṇḍeya-P., dans son laconisme (il ne donne aucune explication), semble se rallier à cette interprétation. Le traducteur anglais, qui fait de ces damnés des oiseaux (il ne peut dire lesquels), me paraît s'être mépris. Le mot de l'énigme est donné par le Bouddhisme. Sûcimukha désigne un être à forme humaine, dont la bouche est comme le trou d'une aiguille, et non un oiseau.

Je note, en passant, la punition des ivrognes, sur laquelle les Bouddhistes n'insistent pas assez et au sujet de laquelle j'aurai à dire encore un mot. Mais je veux m'arrêter un instant sur les bourreaux des enfers.

Il est question d'eux plusieurs fois, et ils sont désignés comme les « gens de Yama » (*narâ Yâmâ* :), les « suivants de Yama » (*Yamânugâ* :), les « serviteurs de Yama » (*Yamakiñkarâ*). Ce dernier terme [1] est celui dont le commentaire du Pancagati se sert pour expliquer le mot *Yamarakkhasâ* « Raxasas de Yama » qui désigne les damnés punis pour leur cruauté et leur caractère irascible. Les Raxasas de Yama sont donc bien les bourreaux infernaux, et ces bourreaux sont, comme leurs victimes, des damnés. Mais le Pancagati a le tort de les mettre dans les Ussadas, tandis que leur place est aussi bien, si elle n'est plutôt, dans les Narakas. L'explication donnée par le commentaire sur la nature des serviteurs de Yama nous semble assez bien imaginée, mais c'est la seule que nous connaissions. Ni le Markaṇḍeya-P. ni les autres textes à nous connus ne nous donnent à cet égard aucun renseignement.

[1] La leçon *Yamalokikârâ*, reproduite ci-dessus (voir p. 21), et qui se trouve dans le ms. de la Bibliothèque nationale, est une faute évidente pour *Yamakiñkârâ* (serviteurs de Yama) ou *Yamalokakiñkârâ* (serviteurs du monde de Yama).

Je passe maintenant aux énumérations de coupables pures et simples.

## II. — Les mondes des coupables selon le Mahâbhârata.

Il y a, dans la grande épopée de l'Inde, deux listes, non pas d'enfers, mais de coupables punis dans ces lieux de tourments, qu'il est impossible de passer sous silence. Non seulement les enfers n'y sont pas dénommés, mais le mot générique Naraka ne s'y trouve même pas. Ce sont simplement, je le répète, deux listes de coupables; mais c'est précisément là ce qui nous intéresse le plus.

Droṇa, nommé général en chef des Kauravas après la mort de Bhîṣma, promet à Duryodhana de lui amener Yudhiṣṭhira vivant. Après une bataille furieuse, qui avait duré tout un jour, il déclare qu'il lui est impossible de tenir sa parole si l'on n'éloigne de Yudhiṣṭhira son frère et son défenseur, Arjuna. Aussitôt le roi des Trigartas, ses quatre frères et tous les guerriers sous leurs ordres s'engagent par serment non seulement à écarter, mais à tuer Arjuna, demandant, s'ils ne tiennent pas leur parole, à avoir pour habitation « les mondes des coupables »; et ils énumèrent ces coupables dont ils veulent, le cas échéant, partager le sort[1].

Mais leur tentative est inutile; bien loin de tuer Arjuna, ils tombent en foule sous ses coups. Toutefois cette lutte acharnée coûte la vie au jeune

[1] Droṇa-parva, 701-706.

héros Abhimanyu, fils d'Arjuna et de Subhadrâ. La mort de cet « enfant » est un deuil pour les Pândavas; Arjuna perd connaissance en apprenant la fatale nouvelle. Revenu de son évanouissement, il jure de tuer le lendemain, avant le coucher du soleil, Jayadratha, roi du Sindh, réputé la cause de la mort d'Abhimanyu, demandant, s'il ne tient pas son serment, à avoir pour partage « les mondes des coupables »; et il énumère ces coupables plus nombreux que ceux des Trigartas et, à plusieurs égards, différents[1]. Nous avons donc, dans le même ouvrage, à moins de deux mille vers de distance (qu'est-ce que cela? une goutte d'eau dans l'Océan du Mahâbhârata), deux listes différentes des enfers. Je ne recherche pas la cause de cette divergence; tient-elle à l'hostilité des deux partis en lutte, à une rivalité d'école? Je ne m'engage pas dans cette discussion. Je note l'opposition; et, pour la rendre plus sensible, je mets les deux listes en présence :

SERMENT DES TRIGARTAS.

1. Menteurs.
2. Brahmanicides.
3. Ivrognes.
4. Séducteurs de la femme de leur guru.
5. Ravisseurs du bien des Brahmanes.
6. Ravisseurs du gâteau royal[2].
7. Ceux qui abandonnent celui qui s'est réfugié près d'eux.
8. Meurtriers d'un suppliant.
9. Incendiaires de maisons.
10. Meurtriers de vaches.

[1] Drona-parva, 2950-2960.

[2] *Râjapindâpaharî*... Qu'est-ce que ce « gâteau royal »? — *Râjapindâ* a aussi le sens de « datte »; je ne pense pourtant pas qu'il s'agisse de ce fruit.

11. Offenseurs [1].
12. Ceux qui haïssent les brahmanes.
13. Ceux qui ne s'approchent pas de leurs femmes au temps de leurs règles.
14. Participants d'un Çrâddha (indûment).
15. Suicides.
16. Ravisseurs d'un dépôt.
17. Destructeurs de la tradition.
18. Ceux qui combattent avec un eunuque.
19. Persécuteurs des faibles.
20. Négateurs (*nâstikas*).
21. Ceux qui abandonnent (père), mère et Agni [2].

SERMENT D'ARJUNA.

1. Matricides.
2. Parricides.
3. Séducteurs de la femme de leur guru (4).
4. Cruels (1).
5. Insulteurs de gens de bien.
6. Calomniateurs ou plaideurs injustes.
7. Ravisseurs d'un dépôt (16).
8. Destructeurs de la confiance.
9. Infâmes dénigrant la femme qu'ils ont possédée.
10. Brahmanicides (2).
11. Meurtriers de vaches (10).
12. Mangeurs en cachette de viande, de gâteaux, etc.
13. Ceux qui méprisent les meilleurs des Dvijas ayant lu le Véda, les vieillards, les bons, les gurus.
14. Ceux qui touchent du pied des brahmanes, des vaches, Agni.
15. Ceux qui souillent l'eau par leur crachat, leur urine ou leurs excréments.
16. Ceux qui se baignent nus.
17. L'hôte d'une femme stérile.
18. Ceux qui reçoivent des présents.
19. Menteurs et trompeurs (1).
20. Suicides.
21. Calomniateurs.
22. Ceux qui obéissent à leurs serviteurs ligués avec leurs femmes et leurs enfants.
23. Çudras mangeant des douceurs sans partager.
24. Le méchant qui abandonne l'homme de bien réfugié près de lui, ne le nourrit pas et blâme ceux qui lui viennent en aide (7).
25. Celui qui refuse le Çrâddha à qui en est digne et l'offre à des indignes (14).

[1] *apakâri* «qui refuse de rendre un service». (Fauche.)

[2] Fauche traduit : «Qui abandonne ses père et mère dans un incendie».

26. Les maris de Çudrâs (qui sont de caste supérieure).
27. Les ivrognes.
28. Ceux qui franchissent les bornes.
29. Les ingrats.
30. Celui qui blâme son frère.

Les Trigartas comptent juste 21 mondes infernaux comme Manu et ses congénères. Ce serait peine perdue que de tenter l'attribution des 21 coupables énumérés dans leur serment aux 21 enfers de Manu, puisque Yâjñavalkya et l'Agni-Purâna classent autrement les mêmes Narakas. Ainsi les « meurtriers de vaches » (10) seraient dans le Tapana de Manu, dans le Sañjivâna de l'Agni-P., dans le Lohitoda de Yâjñavalkya. Il est, du reste, à noter que les Trigartas semblent admettre plus de 21 enfers, car leur énumération se termine ainsi : *tân âpnuyâmahe lokân ye ca pâpakṛtâm api* « Puissions-nous obtenir ces mondes . . . et aussi ceux des méchants ! » Ce *ye ca pâpakṛtâm api* semble avoir la valeur d'un *et cætera.*

Il est difficile de savoir au juste combien Arjuna compte de lieux de supplices, car il fait des distinctions bien subtiles. Y a-t-il vraiment un enfer pour celui qui tue sa mère et un autre pour celui qui tue son père? Les coupables désignés sous les n^os^ 6 et 21, et même 7 et 8, ont bien de l'analogie entre eux. Il est néanmoins évident que sa liste est plus longue que celle des Trigartas, que les deux listes ont des éléments communs et des éléments distincts. Il suffira de déterminer les premiers.

Doivent être évidemment considérés comme élé-



IMPRIMERIE NATIONALE.

ments communs les termes qui suivent, et auxquels j'ajoute les expressions sanscrites, d'abord celles des Trigartas, puis celles d'Arjuna, accompagnés de leurs numéros respectifs, mettant seulement les deux numéros à la suite l'un de l'autre, quand l'expression est la même de part et d'autre :

1. Menteurs (*anṛtî* [1]; *mṛṣoktî* [18]).

2. Brahmanicides (*brahmaghâtî* [2]; *brahmaghna* [10]).

3. Ivrogne (*madyapa* [3, 27]).

4. Séducteur de la femme de son guru (*gurudârarata* [4, 3]).

5. Meurtrier de vache (*gaṁ nighnan* [10]; *goghâtî* [11]).

6. Suicide (*âtmâpakârî* [15]; *svâtmâpahârî* [20]).

7. Ravisseurs d'un dépôt (*nyâsâpahârî* [16]; *nixepahartṛi* [7]).

Paraissent communs ou du moins très semblables :

8. Ceux qui abandonnent celui qui s'est réfugié près d'eux[1] (*çaraṇagatam tyajan* [7]; *saṁçritam... tyaktvâ...* [16]).

9. Ennemi des brahmanes (*brahmadviṣ* [2]; ...*dvijottamam... avamanyamâno* [13]).

10. Ceux qui participent, ou font participer indûment à un Çrâddha (*çrâddhamaithunikâ* [14]; *arhate... çrâddhaṁ yo na dadâti anarhebhyaç ca yo dadyât* [25])[2].

[1] Fauche en fait un «serviteur obéissant» à cause des mots *tad vacane rataṁ* qui me semblent signifier ici «comptant sur sa parole».

[2] Je considère 14 et 25 comme se complétant; mais je me de-

Je pourrais tenter d'autres identifications, ou faire différentes remarques; mais je suis forcé de me restreindre. Je n'insisterai que sur deux points : 1° les ivrognes, quelquefois omis par les Bouddhistes, compris dans la liste du Mârkaṇḍeya-P., cités dans le Bhâgavata avec restriction[1], figurent dans les deux listes sous une désignation identique; 2° le crime spécifié sous le n° 13 de la première liste est, dans le Mârkaṇḍeya-P. (lect. XIV, 17), l'objet d'un long développement, sans que l'on fasse connaître le supplice auquel le coupable est condamné.

## CONCLUSION.

Il résulte de tout cet exposé que si les Bouddhistes ne sont pas toujours d'accord entre eux, de même qu'ils se séparent des Brahmanistes, ceux-ci ne s'entendent pas non plus les uns avec les autres. Chacun suit sa fantaisie ou l'enseignement d'une école particulière. Malgré cela, on voit clairement que ces données si diverses sont inspirées par un même esprit, et à côté de divergences souvent inattendues, on remarque des ressemblances non moins surprenantes. Le préjugé de la caste apparaît très fréquemment dans les descriptions des enfers brah-

mande si Arjuna ne désigne pas deux classes de coupables : 1° ceux qui n'offrent pas le çrâddha à qui en est digne; 2° ceux qui l'offrent à des indignes.

[1] Le Bhâgavata punit seulement ceux qui s'enivrent dans une cérémonie religieuse.

maniques; mais les écrivains bouddhistes ont aussi leur côté faible, et, bien qu'ils soient plus impartiaux, ils ne perdent pas de vue le privilège de la confrérie du Buddha. Le Sangha, dans la vie future, comme dans la vie présente, remplace, pour eux, la première caste brahmanique.

L'opposition des Bouddhistes et des Brahmanes, qui paraît, dans plus d'un cas, voulue et calculée, nous invite à rechercher de quel côté est l'originalité. Sans traiter à fond cette question difficile, pour l'étude de laquelle les renseignements ne sont peut-être pas assez complets, je me bornerai à deux simples remarques. Il n'est pas douteux que les Bouddhistes ont emprunté aux Brahmanistes leur système infernal. Yama, dieu des morts, est, comme Indra, dieu de l'athmosphère, comme Brahmâ, le maître, sinon le créateur du monde, un dieu brahmanique; il n'est certes pas d'invention bouddhique. Mais, en empruntant le système, les Bouddhistes, l'ont modifié, remanié à leur gré. C'est ainsi qu'ils ont pu créer des noms nouveaux; et alors les Brahmanistes ont pu leur emprunter, à leur tour, quelques-unes de ces inventions de détail, en les altérant à dessein. Du moins, en comparant les explications du nom de l'Avîci, du Raurava, du Sûcimukha, données par les uns et par les autres, je trouve que celles des Bouddhistes sont plus naturelles, celles de leurs adversaires forcées, alambiquées; d'où la conclusion que les Bouddhistes seraient les inventeurs, les Brahmanistes de maladroits copistes, ou plutôt des copistes embarrassés.

Je termine par la table alphabétique des noms d'enfers cités dans ce travail, en indiquant les ouvrages où chacun d'eux est mentionné avec le numéro qu'il porte dans chaque liste. J'omets seulement les noms des enfers froids du Bouddhisme, parce qu'ils sont contestés comme noms d'enfers, et ceux des petits enfers chauds, parce que je n'en connais que la traduction chinoise. La liste que j'ai dressée contient seulement des noms sanscrits.

Les ouvrages sont indiqués par les abréviations suivantes :

Ag. = Agni-Purâṇa.
Am.-k. = Amarakoṣa.
Bd. = Bouddhisme.
Bd.-u. = Bouddhisme-ussada.
Bhâ. = Bhâgavata-Purâṇa.
M.-Bh. = Mahâ-bhârata.
Ma. = Manu.
Mâr. I, II, III = Mârkaṇḍeya-Purâṇa[1].
Pad. = Padma-Purâṇa.
Vi. = Viṣṇu-Purâṇa.
Yâj. = Yâjñavalkya.

LISTE ALPHABÉTIQUE DES NARAKAS.

| | |
|---|---|
| Adha : ciras | Mâr., III, 3; Vi., 21. |
| Agni-kumbha | Mâr., III, 5. |
| Andhakûpa | Bhâ., 9. |
| Andhatâmisra | Bhâ., 2; Ma., 2; Yâj., 18. |
| Apratiṣṭha | Mâr., I, 5.; Vi., 27. |
| Argala | Pad., 4. |
| Asipatravana | Ag., 5; Bd.-u., 3; Bhâ., 7; Mâr., I, 6; II, 5; M.-Bh., 2; Yâj., 20. |

[1] Les n° I, II et III correspondent aux trois listes d'enfers que j'ai dressées d'après ce Purâṇa.

| | |
|---|---|
| Avatanirodhana...... | Bhâ., 26. |
| Avîci............. | Am.-k., 2; Bd., 8; Bhâ., 20; Mâr., III, 11; Yâj., 9. |
| Avîci (Apara-)....... | Vi., 28. |
| Avîci (Mahâ-)........ | Ag., 91; Ma., 9; Vi. 25. |
| Aya : pâna.......... | Bhâ., 21. |
| Ayasî : çilâ :......... | M.-Bh., 4. |
| Çâlmali............ | Bd.-u., 4; Bhâ., 13; M.-Bh., 6; Mâr., III, 10; Yâj., 4. |
| Çâlmali-nadî........ | Ag., 21; Ma., 19. |
| Çûlaprota........... | Bhâ., 24. |
| Çvabhojana......... | Vi., 26. |
| Daṁdaçuka......... | Bhâ., 25. |
| Dâruṇa............. | Vi, 17. |
| Kâkola............. | Yâj., 14. |
| Kâlasûtra........... | Ag., 8; Am.-k., 6; Bd., 2; Bhâ., 6; Ma., 6; Mâr., II, 7; Yâj., 8. |
| Karambhabâlukâ...... | Mâr., II, 3; III, 2; M.-Bh., 3. |
| Karapatrena-pâṭanam.. | (?) Mâr., II, 6. |
| Krakaca............ | Pad., 3. |
| Kṛmibhojana........ | Bhâ., 10; Vi., 13. |
| Kṛmîça............ | Vi., 12. |
| Kṛṣṇa............. | Vi., 15. |
| Kuḍmalam.......... | Ag., 16; Ma., 14; Yâj., 6. |
| Kukkula........... | Bd.-u., 2. |
| Kumbhîpâka........ | Bhâ., 5; Pad., 7; Yâj., 19. |
| Kûṭaçâlmali......... | M.-Bh., 6; Pad., 5. |
| Lâlâbhaxa.......... | Bhâ., 18; Vi., 14. |
| Lavana............ | Vi., 8. |
| Lohabhâvam........ | Ag., 6. |
| Lohadârakam........ | Ma., 21. |
| Lohakumbha........ | Bd. (Hardy, *Man. of Budh.*, p. 60), M.-Bh., 5. |
| Lohitoda........... | Yâj., 10. |
| Mahâjvâla.......... | Vi., 6. |
| Milhakûpa.......... | Bd.-u., 1. |
| Naraka............ | Ag., 5; Ma., 5; Yâj., 13. |
| Naraka (Mahâ-)...... | Ag., 9; Ma., 8. |
| Nikṛntana.......... | Mâr., I, 4. |
| Niraya (Mahâ-)....... | Yâj., 3. |
| Panthâna........... | Ma., 18. |

| | |
|---|---|
| Pâpa | Vi., 19. |
| Paryâvartana | Bhâ, 16. |
| Patha (Mahâ-) | Yâj., 18. |
| Peṣana | Mâr., II, 2. |
| Pradhanam | Ag., 20. |
| Prâṇarodha | Bhâ., 16. |
| Pûṭimṛttika | Ma., 5; Yâj., 7. |
| Pûyavaha | Vi., 18. |
| Pûyoda | Bhâ., 15. |
| Rakta-pûya | Pad., 6. |
| Raurava | Ag., 4; Am-k., 4; Bd., 4; Bhâ., 3; Ma., 5; Mâr., I, 1; Vi., 1; Yâj., 5. |
| Raurava (Mahâ-) | Ag., 4; Am.-k., 3; Bd., 5; Bhâ., 4; Ma., 3; Mâr., I, 2. |
| Raxoganabhojana | Bhâ, 23. |
| Ṛjîṣa | Ma., 17; Ag., 19. |
| Rodha | Vi., 3. |
| Rudhirânda | Vi., 10. |
| Sakâkola | Ag., 15; Ma, 13. |
| Samhâra (=Saṅghâta) | Am.-k., 5. |
| Sampratapana | Ag. 13; Ma., 11; Yâj., 12. |
| Sandaṁça | Bhâ., 11; Mar., III, 7. |
| Saṅghâta | Ag., 14; Am.-k., 5; Bd., 3; Mâr., III, 21; Yâj., 9. |
| Sañjiva | Ag., 10; Bd., 1; Ma., 8; Yâj., 15. |
| Sârameyâdana | Bhâ., 19. |
| Sattîsûla | Bd. (Jâtaka, 522). |
| Savîṣa | Yâj., 11. |
| Sûcimukha | Bhâ., 28; Mâr., III, 9. |
| Sûkara | Vi., 2. |
| Sûkaramukha | Bhâ., 28. |
| Tâla | Vi., 4. |
| Tamas | Mâr., I, 3; Vi., 24. |
| Tâmisra | Ag., 1; Bhâ., 1; Ma., 1; Ya., 1. |
| Tâmisra (Mahâ-) | Ag., 2. |
| Tapanam | Ag., 12; Am.-k., 1; Bd., 6; Ma., 10; Yâj., 10. |
| Taptabâluka | Pad., 1. |
| Taptakumbha | Mâr., I, 7; II, 1; III, 5; Vi., 7. |
| Taptaloha (=Kṛṣṇa?) | Vi., 15 (ou 30?). |

| | |
|---|---|
| Taptasûrmi. . . . . . . . . | Bh., 12. |
| Vahnijvâla. . . . . . . . . . | Vi., 20. |
| Vaitaranî. . . . . . . . . . . | Am.-k., 7; Bd.-u., 4; Bhâ., 14; Vi., 11; M.-Bh., 1. |
| Vajrakanta-Çâlmali. . . | Bhâ., 13. |
| Vedhaka (=Dâruṇa?). | Vi., 17 (ou 29?). |
| Viçâsana. . . . . . . . . . . | Bhâ., 17; Vi., 5. |
| Vimohana. . . . . . . . . . | Vi., 9. |
| Xârakardama. . . . . . . . | Bhâ., 22. |
| Xâranadî. . . . . . . . . . . | Mâr., III, 8. |
| Yantrâvapîḍanam. . . . . | Mâr., II, 4; III, 9. |

Je ne sais si cette liste pourrait servir de base à une table complète et définitive des Narakas indiens. La lecture d'un plus grand nombre de textes la grossirait de plusieurs termes nouveaux; mais beaucoup de ceux-ci ne seraient que des synonymes de noms déjà connus. Ainsi, en parcourant le dictionnaire, je trouve des noms tels que Ambarîṣa, Kaṭâha, équivalents de Ṛjîṣa. Il faudrait arriver à dresser une liste complète des Narakas avec l'indication des crimes et des supplices afférents à chacun d'eux. Mais la multiplicité des noms et la variété discordante des crimes et des châtiments permettront-elles d'atteindre ce résultat?

www.ingramcontent.com/pod-product-compliance
Lightning Source LLC
LaVergne TN
LVHW050422160826
845677LV00002BA/496
*9782329730523*